Kauderwelsch
Band 213

Impressum

Holger Knauf
Russisch Slang — das andere Russisch
erschienen im Reise Know-How Verlag Peter Rump GmbH
Osnabrücker Str. 79, D-33649 Bielefeld
info@reise-know-how.de

2. neu bearbeitete Auflage 2009

Bearbeitung Elfi H. M. Gilissen
Layout Elfi H. M. Gilissen
Layout-Konzept Günter Pawlak, FaktorZwo! Bielefeld
Umschlag Christine Schönfeld (Titelfoto: Astrid Henn)
Kartographie Iain Macneish
Fotos Igor Osipov: S. 1, 42, 46, 65, 69, 83, 95, 100, 116, 136;
Heike M. Johenning: S. 8, 16, 28, 77, 105, 142; Astrid Henn: S. 2
38, 54, 56, 58; Holger Knauf: S. 32, 88, 98; Tania Novik: S. 160.

Druck und Bindung Fuldaer Verlagsanstalt GmbH & Co. KG, Fulda

ISBN: 978-3-89416-383-9
Printed in Germany

Kauderwelsch

Holger Knauf

Russisch Slang

das andere Russisch

Kauderwelsch-Slangführer sind anders!

Warum? Sie sind bestens mit der Landessprache vertraut und verstehen trotzdem nur die Hälfte, wenn Sie mit den Menschen vor Ort so richtig ins Gespräch kommen?

Gerade wenn Sie sich in der «Szene» bewegen oder Menschen in ihrem ganz normalen Alltag antreffen, wie auf der Straße ansprechen, mit ihnen ein Bier in der Kneipe trinken, ist deren Sprachgebrauch Meilen entfernt von der offiziell verwendeten Hochsprache in den Medien und den Bildungsinstituten.

Man bedient sich der **lockeren Umgangssprache** und vieler **modischer Slangbegriffe,** die oft nicht einmal die gesamte Bevölkerung versteht, sondern nur bestimmte Altersschichten, eingeschworene Szenemitglieder oder Randgruppen.

Die meisten Slangausdrücke haben eine kurze Lebensdauer und finden nie den Weg in das Lexikon. **Slang ist vergänglich.** Aber es bringt die nötige Würze in das sonst zu dröge daherkommende, in der Hochsprache geführte Gespräch.

Die wahre Vielfalt einer Sprache liegt in diesem lebendigen Mischmasch von Hochsprache, Umgangssprache und Slang. In diesem bunten Mix spiegeln sich **Lebensart, Lebensgefühl** und **Lebensphilosophie** der Menschen vor Ort.

Da die Umgangssprache eher gesprochen als geschrieben wird und es für deren Schreibweise keine festen Regeln gibt, werden Sie immer wieder auf unterschiedliche Schreibweisen der Slangworte stoßen, wenn Sie diese denn einmal geschrieben sehen.

Die AutorInnen werden Sie immer wieder zum Schmunzeln bringen und Ihnen gekonnt Mentalität und Lebensgefühl des jeweiligen Sprachraumes vermitteln. Es werden Wörter, Sätze und Ausdrücke des Alltags aus der Kneipe und dem Arbeitsleben, die Sprache der Szene und der Straße erklärt. Im Anhang sind diese in 1000 Stichworten geordnet, damit Sie die täglich gehörten Begriffe und Wendungen finden können, die bisher kaum in Wörterbüchern aufgeführt sind.

Inhalt

КРОШКА
КАРТОШКА
ПРИЯТНОГО АППЕТИТА

Vorwort

Egal ob touristisch, geschäftlich oder zum Studium, wenn man Russland (oder auch andere Länder der ehemaligen Sowjetunion) schon einmal bereist hat, weiß man, wie gastfreundlich die Menschen dort sind. Aber ein wirklich direkter Draht kann nur entstehen, wenn man über Grundkenntnisse der russischen Sprache verfügt.

Man kann z. B. in einem Sprachkurs lernen, sich sprachlich durchzuschlagen, aber im russischsprachigen Alltag wird man dann immer wieder mit Wörtern und Ausdrücken konfrontiert, die in kaum einem Wörterbuch stehen. Die Sprache der Lehrbücher ist eben eine andere als die auf der Straße, in den Hinterhöfen, Küchen und Studentenwohnheimen. So rauschen viele, zum Teil echt witzige Details des Alltags an einem vorbei, weil man sie nicht versteht. Wenn man beginnt, seinen Wortschatz um auf der Straße gehörte Ausdrücke zu erweitern, kann man leicht ins Fettnäpfchen tappen – weil eben nicht alles stubenrein ist, was einem auf Russisch um die Ohren flattert.

Hier soll dieses Büchlein Abhilfe schaffen: Es zeigt, was so vom Stapel gelassen wird, wenn es auf Russisch zur Sache geht – sei es beim Plausch mit einer Verkäuferin auf dem Markt in Wladiwostok, auf einer Studentenparty in Sankt Petersburg, in der Banja mit dem Geschäftspartner in Moskau oder beim Schnack mit russlanddeutschen Nachbarn. Mit der Zeit lernt man, das Gespräch wohl dosiert mit Slang zu würzen – und statt ins Fettnäpfchen zu treten, vielleicht den einen oder anderen wohlmeinenden Lacher von seinem Gesprächspartner zu ernten.

Was ist russischer Slang?

Im Russischen spielt die Norm- oder Hochsprache (**литературный язык** litiraturnyj jizyk *Literatursprache)* eine wesentlich größere Rolle als im Deutschen. Die Ursache dafür ist wohl die zentralistisch organisierte Regierung Russlands, auch wenn es formal eine Föderation ist. Ein wichtiges Element bei der Durchsetzung der Macht bis in die letzten Winkel des Riesenreiches war und ist eine einheitliche, streng normierte Sprache. Die Politik der sprachlichen Dominanz des Russischen begann zu Zarenzeiten und wurde in der Sowjetunion fortgesetzt. Zunächst wurde in den 1920er Jahren die Autonomie der einzelnen Völker gestärkt und die Entwicklung der Nationalkulturen gefördert, aber ab den 1930er Jahren wurde das Ziel proklamiert, eine einheitliche sowjetische Nation zu schaffen. Das Bindeglied dazu sollte eine einheitliche russische Sprache sein. Dies führte zum fast völligen Aussterben der russischen Dialekte. Gleichzeitig verdrängte Russisch die Sprachen der anderen Volksgruppen innerhalb der Sowjetunion.

Außerdem war die „Norm" ein zentrales Element des Kommunismus à la Sowjetunion: alles sollte „normal" (**нормально** narmal'na) sein – die Arbeit, das Verhalten der Menschen, ihr Denken, ihre Wünsche, ihre Träume, und natürlich auch die Sprache. So wacht bis heute eine Kommission in Moskau über die Reinheit der Sprache. Sie entscheidet, welche Wörter und Wendungen zur Hochsprache gehören, und welche nicht. Unwürdige Ausdrücke sind deshalb auch nicht in den offiziellen Wörterbüchern zu finden. Nur wenige umgangssprachliche Begriffe, die die Kommission als „Volkssprache" (**просторечие** prastarjetschije) eingestuft hat, findet man mit dem entsprechenden Vermerk in Wörterbüchern.

Anders verhält es sich mit dem, was als Slang (**сленг** slänk) oder Jargon (**жаргон** shargon) eingestuft wird: Diese innerhalb von bestimmten sozialen Gruppen (z. B. unter Jugendlichen) verwendeten Wörter und Begriffe findet man höchst selten in Wörterbüchern der „Literatursprache". Erst recht nicht findet man dort vulgäre, obszöne Lexik und sehr grobe Schimpfwörter wie die so genannten „Mutterflüche" (**мат** mat). So etwas wird auch manchmal „nichtnormative Lexik" (**ненормативная лексика** njenarmatiwnaja ljexika) genannt.

Hinweise zu diesem Buch

In diesem Buch werden die gebräuchlichsten Ausdrücke aus folgenden Sprachebenen vorgestellt: allgemein umgangssprachliche Wörter, Slang verschiedener sozialer Gruppen und auch sehr vulgäre Begriffe. Letzere (gekennzeichnet mit •) werden nur vorgestellt, um ein besseres Hörverstehen zu ermöglichen. Man sollte diese Begriffe auf keinen Fall selbst verwenden!

Vulgäre Wörter oder Wendungen sind in diesem Buch vorsorglich mit dem Zeichen •, sehr vulgäre Wörter oder Wendungen mit zwei •• gekennzeichnet.

Alle erklärungsbedürftigen Begriffe sind in kursiver Schrift wörtlich übersetzt. Dies mag manchmal etwas eigenartig anmuten, ist aber notwendig, um den Hintergrund oder die Struktur des Satzes zu erhellen.

Сматываем удочки!
smatywajem udatschki
wir ziehen die Angeln ein
Wir verdünnisieren uns!

In diesem Buch werden Beispiele mit Verben in der Vergangenheit nicht nur in der männlichen Form angegeben, sondern an vielen Stellen auch in der weiblichen Form. Natürlich können sich diese Verben sowohl auf Frauen als auch auf Männer beziehen.

он рехнулся	**она сдурела**
on richnulsja	ana zdurjela
er ist verrückt geworden	sie ist blöd geworden

Wie spricht man's aus?

Alle Wörter in diesem Buch werden sowohl in kyrillischer Schrift als auch in einer vereinfachten (hellgrauen) Lautschrift wiedergegeben, damit man gleich mit dem Sprechen loslegen kann, auch wenn man die kyrillische Schrift noch nicht so gut beherrscht!

Kleine Ausnahme: Bei sehr langen Sätzen wird die vereinfachte Lautschrift aus ästhetischen Gründen weggelassen.

Lautschrift

In dieser Lauttabelle werden jeweils die Groß- und Kleinbuchstaben im Kyrillischen gezeigt.

А/а	a	wie in „**A**rm“ **пока** paka *tschüss*
Б/б	b	wie in „**B**aum“ **бабки** bapki *Kohle/Geld*
В/в	w	1) wie in „**W**asser“ **возбухать** wazbuehat* *sich aufregen*
	f	2) vor stimmlosen Mitlauten und am Wortende wie in „**f**iel“ **вкалывать** fkalywat* *schuften*
Г/г	g	wie in „**g**ehen“ **галимо** galima *grottenschlecht*
Д/д	d	wie in „**d**umm“ **дурак**(M) durak *Dummkopf*
Е/е	je	1) in betonter Stellung und am Wortende wie in „**je**tzt“ **привет** priwjet *Hallo*
	i	2) in unbetonter Stellung ist es ein Laut zwischen „e“ und „i“ wie in „allmäh**li**ch“ **чудненько** tschudnin*ka *wunderbar*

Die Wortbetonung wird in der Lautschrift durch Unterstreichung deutlich gemacht.

	ji	3) in unbetonter Stellung am Wortanfang ist es ein Laut zw. „je" und „ji" wie in „**Yi**ppee" **ерунда** jirunda *Quatsch*
Ё/ё	jo	wie in „**Jo**nas" (ist immer betont!) **ёлки-палки** jolki-palki *holla*
Ж/ж	sh	stimmhaftes „sch" wie in „**J**ournal" **жопа** shopa *Arsch*
З/з	z	stimmhaftes „s" wie in „Ro**s**e" **заморочка** zamarotschka *Problem*
И/и	i	wie in „**i**st" **фигня** fignja *Ding/Mist*
Й/й	j	wie im englischen „bo**y**" **кайф** kajf *Kick/Rausch*
К/к	k	wie in „**k**lasse" **клёво** kljowa *cool*
Л/л	l	1) vor **е/ё/и/ю/я/ь** eine „weiche" Aussprache wie in „**L**icht" **липовый** lipawyj *gefälscht* 2) am Wortende und vor **а/э/у/о/ы** eine „harte" Aussprache, ähnlich wie im englischen „hi**ll**" **лох** loch *Idiot/Penner*
М/м	m	wie in „**M**inze" **мент** mjent *Bulle/Polizist*
Н/н	n	wie in „**N**ase" **навороченo** nawarotschina *abgefahren*
О/о	o	1) betont: wie in „**O**tto" **очко** atschko *Lokus*
	a	2) unbetont: wie in „**a**bsolut" **офигенно** afigjenna *geil*
П/п	p	wie in „**P**apa" **падла** padla *gemeine Sau*

Р/р	r	gerolltes Zungenspitzen-r wie im Spanischen **рыло** ryla *Schnauze*
С/с	s	stimmloses „s" wie in „Fü**ß**e" **сваливать** swaliwat* *verduften*
Т/т	t	wie in „**T**asche" **тачка** tatschka *Karre/Auto*
У/у	u	wie in „M**u**sik" **музон** muzon *Mucke/Musik*
Ф/ф	f	wie in „**F**erien" **фигово** figowa *beschissen/schlecht*
Х/х	~~ch~~	1) raues „ch" wie in „Ba**ch**" **халява** ~~ch~~aljava *etwas für lau*
	ch	2) vor **е/ё/и** weiches „ch" wie in „i**ch**" **хиппарь** chipar* *Hippie*
Ц/ц	ts	wie in „Mü**tz**e" **пацан** patsan *junger Typ*
Ч/ч	tsch	„weiche" Aussprache zwischen „tsch" in „Ra**tsch**e" und „tch" in „An**tj**e" **чёкнутый** tschjoknutyj *Verrückter*
Ш/ш	sch	wie in „**Sch**midt" **шмотки** schmotki *Klamotten*
Щ/щ	schsch	lang und weich, zwischen „sch" und „ch" **нищий** nischschij *Bettler*
ъ	-	Härtezeichen, siehe unten
ы	y	etwa wie das „i" in „Tisch" **сраный** sranyj beschissen
ь	*	Weichheitszeichen, siehe unten
Э/э	ä	wie in „**Ä**pfel" **эсэмэска** äsämäska *SMS-chen*

Oft werden mehrere Wörter zusammengezogen ausgesprochen. Dies erkennt man in der Lautschrift an der Tilde zwischen den Wörtern:
по фиг *po~fik*
scheißegal.

Ю/ю	ju	wie in „**Ju**lia“	
		втюриться ftjuritsa *sich verknallen*	
Я/я	ja	wie in „**ja**“	
		ящик jaschschik *Glotze (TV)*	

Hart oder weich?

Wird eine kurze Sprechpause zwischen zwei Selbstlauten eingelegt, wird dies in der Lautschrift durch einen Bindestrich verdeutlicht: **Реально!** ri-al*na *real*

Die Mitlaute (Konsonanten) vor **е/ё/и/ь/ю/я** werden „weich“ ausgesprochen, so als folgte ihnen ein kurzes „j“ wie in „An**tje**“. Die Mitlaute vor **а/о/у/ы/ъ/э** werden immer „hart“ ausgesprochen, das heißt, etwas tiefer als die „weichen“ Entsprechungen.

Das Weichheitszeichen **ь** bewirkt eine „weichere“ Aussprache des voranstehenden Lautes und wird in der Lautschrift mit einem * wiedergegeben (siehe obige Beispiele). Das Härtezeichen **ъ** bewirkt eine „harte“ Aussprache des voranstehenden Lautes. Es kommt selten vor und wird in der Lautschrift dieses Buches nicht wiedergegeben.

Die Sprache, ihre Dialekte und Akzente

Die genaue Anzahl der Russischsprechenden ist nur schwer anzugeben. Von den knapp 150 Mio. Einwohnern Russlands sind rund 125 Mio. ethnische Russinnen und Russen – allerdings sprechen auch 25 Mio. Angehörige anderer Nationalitäten neben ihrer Muttersprache ebenfalls Russisch. In den 14 anderen ehemaligen Sowjetrepubliken leben weitere 25 Mio. Russen. Die Anzahl der Russischsprechenden dort ist aber weitaus höher. In vielen dieser ehemaligen Sowjetrepubliken besteht eine Situation der Zweisprachigkeit, die statistisch schwer zu erfassen ist. Und wenn man mit offenen Ohren durch Deutschland streift, kann man feststellen, dass man gar nicht weit zu reisen braucht, um russischsprachige Menschen zu treffen.

Russische Dialekte

Die Dialekte im Russischen sind fast ausgestorben – aber eben auch nur fast. Ganz grob kann man die Mundarten in drei Gruppen einteilen: die nord-, mittel- und südrussischen Dialekte (siehe unten auf der Karte). Die Einteilung Norden-Mitte-Süden bezieht sich dabei auf das alte russische Kernland, ohne die Gebiete in Asien, die erst im Laufe der letzten Jahrhunderte durch Russland einverleibt wurden.

FINNLAND
Sankt-Petersburg
Санкт-Петербург
Norddialekte
EST-
LAND
Wologda
Вологда
Welikij
Nowgorod
Великий Новгород
Yaroslawl
Ярославль
LETT-
LAND
Zentraldialekte
Moskau
Москва
Wladimir
Владимир
Nishnij
Nowgorod
Нижний
Новгород
Smolensk
Смоленск
WEISS-
Minsk
Мінск
Tula
Тула
Rjazan
Рязань
Mahiljou/Mogilew
Магілёў
RUSSLAND
Süddialekte
Orel
Орёл
Tambow
Тамбов
52°
Woronesh
Воронеж
Belgorod
Белгород
Kiew
Київ
Rossosch
Россошь
UKRAINE
Charkiw
Харків
200 km
30°
36°
42°

Mittelrussische Dialekte

Kennzeichnend für die mittelrussischen Dialekte ist das sogenannte „Akanje“ (**аканье,** akan*je). Es bedeutet, dass man korrekterweise das unbetonte **o** als a ausspricht:

Aus den mittelrussischen Dialekten wurde die Normsprache entwickelt.

молоко	**вода**	**пиво**	**хорошо**
malako	wada	piwa	charascho
Milch	Wasser	Bier	gut

Auch die Aussprache der unbetonten Laute **e** und **я** als i oder ji ist typisch für die mittelrussischen Mundarten.

Nördliche Dialekte

Das Wesentliche der nördlichen Dialekte ist das sogenannte „Okanje“ (**оканье,** okan*je). Es bedeutet, dass der Laut **o** tatsächlich als o gesprochen wird, auch an unbetonten Stellen.

молоко	**вода**	**пиво**	**хорошо**
moloko	woda	piwo	choroscho
Milch	Wasser	Bier	gut

Südliche Dialekte

Die südrussischen Dialekte gehen langsam über ins Ukrainische und ins Weißrussische. Der auffallendste Unterschied in der Aussprache hier ist, dass ein **г** nicht als g, sondern ähnlich wie das deutsche „h“ gesprochen wird –

vielleicht etwas rauher, weil es stimmhaft ist. Einer der bekanntesten Sprecher eines südrussischen Dialektes ist der ehemalige sowjetische Staatschef, Michail Gorbatschow.

	Горбачёв	**гласность**	**говорить**
normgerecht:	Garbatschjof	glasnast*	gawarit*
südrussisch:	Harbatschjof	hlasnast*	hawarit*
	Gorbatschow	Glasnost	sprechen

Weiterhin gibt es noch regionale Unterschiede in der Betonung, wie z. B. in dem bekannten Ausspruch von Gorbatschow:

Надо начать перестройку!
normgerecht: nada natschat* piristrojku
südrussisch: nada natschat* piristrojku
Wir müssen mit dem gesellschaftlichen Umbau, der Perestrojka anfangen!

In den ehemaligen Sowjetrepubliken

In der Sowjetunion zählte man einst über 100 Ethnien, die alle Russisch lernen mussten. Dabei war ihre Aussprache nicht immer akzentfrei.

Georgischer Akzent

Für den georgischen Akzent ist z. B. das hart gesprochene **e** kennzeichnend:

девушка	**дети**	**скажите**	
djewuschka	djeti	skashytje	*normgerecht*
däwuschka	däti	skashytä	*georgisch*
Mädchen	Kinder	Sagen Sie!	

Dieser Ausspracheunterschied ist auch der wichtigste Bestandteil der vielen Georgier-Witze, in denen sich Russen darüber lustig machen, dass die Georgier nicht so richtig Russisch sprechen können ...

Ukrainischer Akzent

Ukrainisch und Weißrussisch gehören wie Russisch zur Gruppe der ostslawischen Sprachen.

Die sowjetische Sprachpolitik führte dazu, dass in der Ukraine viele Menschen einen Mischmasch aus Ukrainisch mit Russisch sprechen. Dieser Sprachenmix ist nicht besonders hoch angesehen. In der Ukraine wird der Mix daher auch abwertend „Mehlmischung" (**суржик** surshyk) genannt. Im Surshyk wird ähnlich wie in den südrussischen Dialekten das **г** als h ausgesprochen. Die im Russischen weichen Zischlaute werden oft hart gesprochen: **ч** (tsch) hart wie in „Ratsche" und **щ** statt schsch richtiggehend als schtsch. Auch den unbetonten Laut **о** spricht man tatsächlich als o aus. Das russische **что** schto (*was?*) wird **що** schtscho oder auch scho ausgesprochen.

Der Unterschied zwischen Russisch, Ukrainisch und Weißrussisch ist vielleicht etwas kleiner als der zwischen Niederländisch und Deutsch.

Darüber hinaus werden viele grammatikalische Strukturen aus dem Ukrainischen übernommen. Den Satz „Ich habe große Sehnsucht nach dir!" z. B. würde man in ukrainischem Russisch folgendermaßen ausdrücken:

Я очень скучаю за тобою!
ja otschän* skutschaju za toboju
„ich sehr sehne hinter dir"

In korrektem Russisch hieße der Satz:

Я очень скучаю по тебе!
ja otschin* skutschaju pa tibje
„ich sehr sehne über dir"

Weißrussischer Akzent

Ob der russische oder der ukrainische bzw. weißrussische Anteil überwiegt, ist von Sprecherin zu Sprecher verschieden.

Einen ähnlichen Sprachenmix wie in der Ukraine gibt es auch in Weißrussland. Hier nennt man es „geschütteltes Viehfutter" (**трасянка** trasjanka). Auch in der Trasjanka spricht man **г** als h aus, **ч/щ** hart als tsch/schtsch und auch **р** (r) immer hart. Ein weiches **т** wird ts gesprochen; ein **в** zwischen zwei Wörtern oder am Silbenende wird nicht f ausgesprochen, sondern als kurzes u; ein unbetontes **о** wird wie in der russischen Hochsprache immer zu einem a, zusätzlich werden aber auch die Laute **е** und **э** häufig zu ja und a.

Der Satz „**Я говорю тебе: надо ещё идти в магазин!**“ (Ich sage dir: man muss noch in den Laden gehen!) kann sich so anhören:

Weißrussisches Russisch:
ja hawaru tsibje: nada jaschtscho itsi u mahazin

Korrektes Russisch:
ja gawarju tibje: nada jischschjo iti f magazin

Auch in der Trasjanka werden grammatische Strukturen aus beiden Sprachen gemixt. Den Satz „Macht euch nicht über mich lustig!“ würde man in weißrussischem Russisch folgendermaßen ausdrücken:

Не надо с меня смеяться!
nja nada s minja smjajatsa
„nicht nötig von mir lachen“

In korrektem Russisch hieße der Satz:

Не надо надо мной смеяться!
ni nada nada-mnoj smijatsa
„nicht nötig über mich lachen“

(Im ukrainischen Surshyk sieht der Satz übrigens grammatikalisch ganz ähnlich aus.)

Vergleich: Norm- und Umgangssprache

Auf der Grundlage der mittelrussischen Dialekte, wozu auch der Moskaus gehört, entwickelte sich die „Literatursprache“. Man könnte somit vermuten, dass in der Hauptstadt das korrekteste, reinste Russisch gesprochen wird. Dem ist aber nicht so.

Cool & hip

In Moskau werden die unbetonten, reduzierten, kurzen Laute etwas in die Länge gezogen. Im ganzen Land ahmen Leute, die cool sein wollen, diese Aussprache nach. Dabei übertreiben sie auch kräftig, besonders bei den **a**-Lauten, und sprechen dabei alles etwas durch die Nase. Der Satz „**Послушайте, пацаны, это круто!**“ (Hört zu, Jungs, das ist cool!) würde von hippen Leuten etwa so gesagt: paasluschaajtje, paatsaany, ätaa krutaa. In korrektem Russisch würde der Satz hingegen so ausgesprochen: pasluschajtje, patsany, äta kruta.

Verkürzungen

Ansonsten sind die Ausspracheunterschiede zwischen der Umgangssprache und der Normsprache nicht allzu groß. Im Allgemeinen ist die Aussprache einfach lockerer und lässiger. So werden z. B. Endungen oder ganze Wortteile verschluckt oder zusammengezogen. Da man diese verkürzten Wörter manchmal auch geschrieben findet (z. B. in den populären Heftchen mit den neuesten Witzen), werden in diesem Buch auch die unterschiedlichen kyrillischen Schreibweisen angegeben.

Normsprache	Umgangssprache	
Здравствуйте!	**Здрасьте!/Драсьте!**	*Guten Tag! / Tach!*
zdrastwujtje	zdras*tje/dras*tje	
До свидания!	**Сидания!**	*(Auf) Wiedersehen!*
da~swidanija	sidanija	
Чего?	**Чё?**	*Wie/Was?*
tschiwo	tschjo	
Сколько?	**Скока?**	*Wie viel?*
skol*ka	skoka	
вообще	**ваще**	*überhaupt*
wa-abschsche	waschsche	
меня	**мя**	*mich*
minja	mja	
тебя	**тя**	*dich*
tibja	tja	
тебе	**те**	*dir*
tibje	tje	
сейчас	**щас**	*gleich*
sijtschas	schschas	

Что это будет, ваще?
schto äta budit, waschsche
Und überhaupt, was wird das Ganze?

Я тя не слышу!
ja tja ni slyschu!
Ich kann dich nicht verstehen! (am Telefon)

	Normsprache	Umgangssprache
Gleich setzt es was!	**Сейчас я тебе дам!**	**Щас те дам!**
	sijtschas ja tibje dam	schschas tje dam
	gleich ich dir gebe	*gleich dir gebe*
Was willst du?	**Что тебе надо?**	**Чё то надо?**
	schto tibje nada	tschjo tje nada
	was dir braucht	*wessen dir braucht*

Lautverschiebungen

Manche Wörter werden in der Umgangssprache anders betont, haben andere Mehrzahlformen, manchmal ändern sich Selbstlaute.

	Normsprache	Umgangssprache
du bezahlst	**платишь**	**плотишь**
	platisch	plotisch
er/sie bezahlt	**платит**	**плотит**
	platit	plotit
wir bezahlen	**платим**	**плотим**
	platim	plotim
sie verstand	**она поняла**	
	ana panila	ana ponila
sie nahm	**она взяла**	
	ana wzila	ana wzjala
du rufst an	**звонишь**	
	zwanisch	zwonisch
er/sie ruft an	**звонит**	
	zwanit	zwonit
wir rufen an	**звоним ...**	
	zwanim ...	zwonim
Kilometer	**километр**	
	kilamjetr	kilomitr

Verkleinerungen & Kurzformen

Die Russen sind berühmt für ihre Verkleinerungen und Verniedlichungen. Sie kommen zwar nicht nur in der Umgangssprache vor, aber dort ganz besonders.

Wenn ein Wort „verkleinert“ wird, heißt das nur selten, dass der beschriebene Gegenstand auch tatsächlich klein ist. Wenn z. B. eine Oma, die Äpfel verkauft, diese **яблочки** (jablatschki *Äpfelchen)* nennt, dann meint sie damit eher nicht, dass die Äpfel klein sind, sondern will vielleicht eine vertrauliche Atmosphäre zum Kunden herstellen. Die Verkleinerung drückt einfach ein gewisses vertrautes, gutherziges Verhältnis zu den Dingen aus.

Ins Deutsche kann man diese Verkleinerungsformen mit Endungen wie „-chen“ oder „-lein“ leider nur sehr ungenau übersetzen.

Wort	Verniedlichungsform	
дом dom	**домик** domik	*Haus*
город gorad	**городок** garadok	*Stadt*
деревня dirjewnja	**деревушка** diriwuschka	*Dorf*
ресторан ristaran	**ресторанчик** ristarantschik	*Restaurant*
книга kniga	**книжка** knischka	*Buch*
чай tschaj	**чаёк** tschijok	*Tee*
пиво piwa	**пивко** pifko	*Bier*
вино wino	**винцо** wintso	*Wein*
кафе kafje	**кафешка** kafjeschka	*Café*
деньги djen*gi	**денежки** djenischki	*Geld*
водка wotka	**водочка** wodatschka	*Wodka*

Vergleich: Norm- und Umgangssprache

In der Jugendsprache gibt es eine ganze Reihe spezieller Kurzformen:

Universität	**университет** uniwersitjet	**универ** uniwjer
Fakultät	**факультет** fakul*tjet	**фак** fak
Wohnheim	**общежитие** apschschishytije	**общага** apschschaga
Mensa	**столовая** stalowaja	**столовка** stalofka
Fahrrad	**велосипед** wilasipjed	**велек** wjelik
Fernseher	**телевизор** tiliwizar	**телек** tjelik
Computer	**компьютер** kampjutar	**комп** komp
Stress	**напряжение** naprishänije	**напряг** naprjak
Mensch/Typ	**человек** tschilawjek	**чел** tschjel

Verniedlichungsformen von Namen

Es gibt eine Menge Kurz- und Koseformen, sowohl für Namen von Kindern als auch von Erwachsenen. Die Vielfalt macht es zuweilen schwer, den Überblick über das „Who is Who" zu behalten. Neben den „zärtlichen" Formen gibt es zu einigen Namen auch noch coole (**крутые** krutyje) Varianten.

Alexandra	normal:	**Александра** aliksandra
	zärtlich:	**Саша** sascha, **Саня** sanja, **Шура** schura, **Шурочка** schuratschka
Alexander	normal:	**Александр** aliksandr
	zärtlich:	**Саша** sascha, **Саня** sanja, **Шура** schura, **Шурик** schurik
	cool:	**Санюха** sanjucha
Anastasia	normal:	**Анастасия** anastasija
	zärtlich:	**Настя** nastja, **Настенька** nastin*ka

normal:	**Андрей** andrjej	*André*
zärtlich:	**Андрюша** andrjuscha,	
	Андрюшка andrjuschka	
cool:	**Андрюха** andrjucha	
normal:	**Юрий** jurij	*Juri*
zärtlich:	**Юра** jura	
cool:	**Юрбан** jurban	
normal:	**Ольга** ol*ga	*Olga*
zärtlich:	**Оля** olja, **Олька** ol*ka,	
	Олечка olitschka	
normal:	**Сергей** sirgjej	*Sergej*
zärtlich:	**Серёжа** sirjosha	
cool:	**Серый** sjeryj, **Серёга** sirjoga	
normal:	**Татьяна** tat*jana	*Tatjana*
zärtlich:	**Таня** tanja, **Татьянка** tat*janka,	
	Танечка tanitschka,	
	Танюша tanjuscha	
cool:	**Танюха** tanjucha	
normal:	**Валентина** walintina	*Valentina*
zärtlich:	**Валя** walja, **Валечка** walitschka	
cool:	**Валюха** waljucha	

Wenn nach einer Person gerufen wird, fällt in der Umgangssprache manchmal das **-a** am Ende des Namens in der Koseform weg:

Саш! Иди-ка сюда!
sasch idi-ka sjuda
Sascha! Komm mal her!

Scherzhaft werden auch von einigen Vatersnamen Kurzformen gebildet:

normal:	**Иванович** iwanawitsch
kurz:	**Иваныч** iwanytsch
normal:	**Васильевич** wasil*jiwitsch
kurz:	**Васильич** wasil*jitsch
normal:	**Григорьевич** grigor*jewitsch
kurz:	**Григорыч** grigorytsch
normal:	**Александр Александрович** aliksandr aliksandrawitsch
kurz:	**Сан Саныч** san sanytsch

Natürlich haben viele Menschen in Russland – ganz ähnlich wie in Deutschland – auch noch einen Spitznamen (**кличка** klitschka) oder gar einen coolen Spitznamen (**кликуха** klikucha). Dies macht das Verwirrspiel mit den Namen nicht unbedingt leichter.

Hallo & tschüss

Bei einem Besuch in Russland fällt auf: Jungs und Männer schütteln einander bei der Begrüßung und beim Abschied immer die Hand, Frauen untereinander tun dies nicht, Männer und Frauen untereinander ebenfalls nicht. Gute Freundinnen geben sich hingegen einen „Schmatzer auf die Wangen" (**чмоки в щёки** tschmoki f schschjoki); genauso machen es Männer bei guten Freundinnen.

Besonders in Weißrussland heißt solch ein Schmatzer auf die Wangen auch **буська** bus*ka.

Begrüßen

Zur Begrüßung per Sie gibt es zwei Varianten, wobei das „Guten Tag" seltener gebraucht wird:

Здравствуйте!	**Добрый день!**
zdrastwujtje	dobryj djen*
Gesund mögen Sie leben!	*Guten Tag!*

Ist man per Du, begrüßt man sich mit:

Привет!	**Приветик!**	**Здорово!**	**Здоров!**
priwjet	priwjetik	zdarowa	zdarof
Gruß	*Grüßchen*	*gesund*	*gesund*

Unbekannte Frauen oder Mädchen kann man ganz nüchtern und korrekt mit **Девушка!** (djewuschka *Fräulein*) anreden. Es wird als Kompliment gesehen, auch wenn die Frau, die so angeredet wird, offensichtlich kein Fräulein mehr ist. Ist diese Bezeichnung unpassend, sagt man **Женщина!** (shänschschina *Frau*). Zu jungen Männern sagt man **Молодой человек!** (maladoj tschilawjek *junger Mensch*), zu älteren **Мужчина!** (muschschina *Mann*).

Ребята! *kann man im Deutschen am ehesten mit „Hej, Leute!" übersetzen.*

Sowohl Kinder als auch seine Kumpels redet man mit **Ребята!** (ribjata *Kinder*) an. Zu jungen Mädchen sagt man ganz locker **девчёнки** (diftschjonki *Mädels*). Coole Jugendliche nennen einander **пацаны** (patsany *Jungs*) oder noch cooler **чуваки** (tschuwaki *Typen*).

Bei einer ordentlichen Begrüßung geht es weiter mit der Frage nach dem Befinden:

Как дела?
kak dila
Wie stehen die Dinge?
Wie geht's?

Как делишки?
kak dilischki
Wie stehen die Dingchen?
(verniedlichte Form)

Die Standardantwort ist **Нормально!** (narmal*-na *normal*), was so viel bedeutet wie „Es geht ganz gut." Geht es einem besser als „normal" (z. B. wenn man frisch verliebt ist):

Просто супер!
prosta supir
Einfach super!

Отлично!
atlitschna
Ausgezeichnet!

Чудесно!
tschudjesna
wunderbar
Wunderbar!

Чудненько!
tschudnin*ka
wunderbarchen
Wunder-wunderbar!

Dass es einem schlechter geht als „normal“, sagt man nur zu sehr guten Bekannten:

Так себе.	**Тяжко.**	**Фигово.**
tak sibje	tjaschka	figowa
so sich	*beschwerlich*	*feigig*
Es geht.	Ich hab's schwer.	Mistig.
Хреново!	**Хуёво!**	**Галимо.**
chrinowa	chujowa	galima
schwanzig	*schwanzig*	*grottenschlecht*
Beschissen!	Voll beschissen!	Dreckig.

Eine weitere, ganz lockere und kecke Antwort auf die Frage „Wie geht's?“ wäre:

Ещё не родила!
jischschjo ni radila
(Sie hat) noch nicht geboren!

Natürlich ist das reines Geplänkel, vielleicht vergleichbar mit Kommentaren wie „Schlechten Leuten geht es immer gut.“ oder „Unkraut vergeht nicht.“

Verabschieden

So schön es ist, zu Besuch zu sein, irgendwann kommt der Moment, wo man sich nach den eigenen vier Wänden sehnt und sich auf den Weg machen will oder muss. So lautet denn auch ein beliebtes Sprichwort:

В гостях хорошо, а дома лучше.
w gastja~~ch~~ ~~ch~~arascho, a doma lutsche
Zu Gast sein ist schön,
aber zu Hause ist es besser.

Dass Sprichwörter auch in Russland nicht mehr bierernst genommen werden, zeigt die folgende Parodie auf das Sprichwort:

В гостях хорошо – а дома хуже!
w gastja~~ch~~ ~~ch~~arascho – a doma chushä
Zu Gast sein ist schön –
aber zu Hause ist es schlechter!

Wie auch immer, wenn einen die Sehnsucht nach dem eigenen (Hotel-)Zimmer plagt, kann man das mit den folgenden Wendungen ausdrücken:

Мне пора!
mnje para
Mir Zeit!
Für mich ist es Zeit!

Отчаливаем!
attschaliwajem
Wir legen ab!
Legen wir ab!

Надо закругляться!
nada zakrukljatsa
Man muss sich rund machen.
Ich muss / Wir müssen die Biege machen!

Beim Abschied per Sie sagt man allenfalls **До свидания!** (da swidanija *Auf Wiedersehen*). Es ist aber immer schön, noch einen guten Wunsch hinterher zu schicken:

До свидания, всего хорошего!
da swidanija, fsiwo ~~ch~~aroschäwa
Auf Wiedersehen, alles Gute!

Ist man per Du, gibt es eine größere Auswahl an Floskeln, die sich zum lockeren Verabschieden eignen:

Пока!	paka	Tschüss!
Поки!	poki	Tschüssi!
До скорого!	da skorawa	Bis bald!
Будь здоров!	bud* zdarof	Bleib gesund!
До встречи!	da fstrjetschi	Bis die Tage!
До субботы!	da subboty	Bis Samstag!
Бай!	baj	Bye!
Чюс!	tschjus	Tschüss!
Чао!	tschao	Ciao!

Auch die Fremdworte Bye!, Tschüs! und Ciao! hört man manchmal.

Ну, давай!
nu, dawaj
Nun gib!
Naja, dann mal Tschüs!

Счастливо!
schschisliwa
Glücklich!
Mach's gut!

Держись!
dirshys*
Halte dich!
Halt die Ohren steif!

Не пропадай!
ni prapadaj
Geh nicht verloren!
Lass mal was hören!

Ja, nein & stell dir vor!

In der russischen Umgangssprache und erst recht im Slang gibt es eine Unmenge von Ausrufen, Gesten und an und für sich nichtssagenden Wörtern, die dem „normalen" Redefluss erst die richtige Würze verleihen.

Zustimmen

Ähnlich wie im Sächsischen oder Thüringischen ist auch **Ну!** nu *eine Variante für „ja".*

да da	„ja", wird von einem Kopfnicken begleitet
Ага! aga	bedeudet meistens „ja" und eher selten „aha!"
Давай! dawaj	wörtlich „gib", kann je nach Situation alles mögliche heißen: „Ja!", „Na los!", „Okay" ...

Ablehnen

Нет! njet	„nein“, manchmal begleitet von Kopfschütteln
Нету! njetu	„nein“, umgangssprachlich, lässt sich besser aussprechen
Не-а! nje-a	„nein“, gelangweilt, aber bestimmt ausgesprochen

Verwunderung

Да ты что!
da~ty~schto
ja du was!
Ja, aber holla. Was du nicht sagst!

Ух ты!
uch~ty
och du!
Ja, Mensch! Toll!

Mischt sich Unbehagen dazu, wirft man ein **н-да** (n-da *n-ja*) ein, was so viel bedeutet wie „Mmm, naja …!“.

Füllwörter

Braucht man zwischendrin Zeit zum Nachdenken, fügt man immer wieder mal ein:

короче
karotschi
kurz gesagt

Это самое …
äta samaje
Wie war das doch gleich?

Will man jetzt auch noch sehr cool sein:

типа
tipa
in dieser Art
irgendwie so, ey

Прикинь!
prikin*
leg dazu
Stell dir vor, Mann!

В натуре!
f naturje
in der Natur
Ja, Mensch. Tatsächlich!

Респект тебе и уважуху!
rispjekt tibje i uwashu~~eh~~u
Respekt dir und Verehrung!
Das ist cool, Alter. Respekt!

Sitzt man gemütlich schwatzend beisammen und plötzlich entsteht eine Gesprächspause:

Хорошо живём!
~~ch~~arascho zhywjom
Gut leben wir!
Wir lassen's uns ja mal wieder gut gehen!

Вот такая наша жизнь!
wot takaja nascha shyzn*
So ist unser Leben ...!

Вот такие пирожки!
wot takije piraschki
Solche Teigtaschen!
Ja, ja, so isses eben ...!

Мент родился!
mjent radilsja
Und wieder ist ein Bulle (Polizist) geboren!

Quatschen & labern

Auch in Russland lieben es die Leute, zu quatschen und zu labern:

болтать	baltat*	*baumeln*
трепаться	tripatsa*	*sich ziehen*
тарахтеть	tarachtjet*	*knarren/ächzen*
трындеть	trindjet*	*bimmeln*
грузить	gruzit*	*beladen*
лечить	litschit*	*heilen*
пиздеть •	pizdjet*	*rumfotzen*
базарить	bazarit*	*Basar reden*
добазариться	dabazaritsa	*etwas absprechen/ abschwatzen*

Aus der Sprache der „Neuen Russen" kommt der Begriff **базар** *(*bazar *Basar) für „Gelaber, Gequatsche" – denn das ist nun einmal die wichtigste Nebenbeschäftigung auf einem Basar.*

сплетничать
spljetnitschat*
Gerüchte machen
klatschen

чушь молоть
tschusch malot*
Unsinn mahlen
jede Menge Stuss erzählen

Will man den Unsinn beim Namen nennen, nennt man das „Blabla" auch:

тра-ля-ля, три рубля
tra-lja-lja, tri rublja
tra-la-la, drei Rubel

трали-вали
trali-wali
trali-lali

Kann jemand bewunderswert gut und schnell z. B. in einer Fremdsprache sprechen:

Смотри, как она шпарит по-английски!
smatri, kak ana schparit pa-anglijski
Schau, wie sie brüht auf Englisch!
Ja schau mal, wie die Englisch plappern kann!

Das Folgende sagt man über einen, der wie ein Wasserfall Unsinn redet:

У него словесный понос!
u niwo slawjesnyj panos
Er hat Wort-Durchfall!
Er erzählt nur Dünnschiss.

	балабол (M)	balabol	Schwatzkopf
	балаболка (W)	balabolka	Schwatzkopf
	трындычиха	tryndytschi~~ch~~a	Quatschtante
	базарила	bazarila	Labertasche
wörtl.: Treiber	**гонщик**	gonschschik	Stussheini
wörtl.: Lastenträger	**грузчик**	gruschschik	Nervlaberer
wörtl.: Hodenklang	**мудозвон**	mudazwon	Schwafelarsch

Ablachen & verspotten

Gelaber kann nervig sein, aber auch überaus unterhaltsam, wenn z. B. ein Witz (**анекдот** anikdot *Anekdote*) erzählt wird. Im oftmals eher öden Alltag ist man für jede lustige Begebenheit, für jeden Gag (**прикол** prikol *Befestigungspflock*) oder Joke (**хохма** chochma *Witz*) dankbar, und damit auch für jeden Witzbold (**приколист** prikalist). Hauptsache, das Ganze ist witzig (**прикольно** prikol*na).

Хохма *kommt von dem jiddischen Wort „Chochme", was „Witz" bedeutet.*

Вот, прикол! wot prikol	Das ist n' Joke! *(da Befestigungspflock)*
для прикола dlja prikola	etw. aus Scherz machen *(für Befestigungspflock)*
ржать rshat*	wiehern (vor Lachen)
падать со смеху padat* so~ smiechu	umfallen vor Lachen
стёб stjob	Spott
прикалываться prikalywatsa	sich lustig machen *(anpflocken)*
подкалываться padkalywatsa	sich lustig machen *(anpflocken)*
стебать stibat*	verspotten
лохануться laechanutsa	sich übel blamieren
лошить laschyt*	jmd. aufziehen

Лохануться *und* **лошить** *sind Ableitungen von dem Wort* **лох** *(loch Penner/Nichtchecker/Idiot).*

Его лошили, потому-что он вместо водки пил шампанское.
jiwo laschyli, patamu~schta on wmjesta wotki pil schampanskaje
Sie zogen ihn auf, weil er anstelle von Wodka nur Sekt trank.

Alles oder nichts checken

Traditionell werden Frauen leider oftmals für die Dümmeren gehalten. In der russischen Sprache gibt es den männlichen Klugscheißer (**умник** umnik), während die weibliche Form desselben Wortes Frauen (und Männern!) ein helles Köpfchen (**умничка** umnitschka) bescheinigt. Für die Abwesenheit von Durchblick:

Я понятия не имею!
ja panjatija nje imjeju
Ich hab keine Ahnung!

Она по-английски ни бум-бум!
ana pa-angliski ni bum-bum
Sie hat von Englisch keinen blassen Schimmer!

До тебя доходит как до утки – на третьи сутки!
da tibja dachodit kak da utki – na trjeti sutki
du kapierst (so schnell) wie eine Ente – (erst) am dritten Tag
Mann, hast du 'ne lange Leitung!

Эти люди – тёмный лес, полнейшая темнота!
äti ljudi – tjomnyj ljes, palnjejschaja timnata
diese Leute – dunkler Wald, völlige Dunkelheit
Diese Leute sind einfach vollkommen unterbelichtet!

Он тормозит!
on tarmazit
er bremst
Er kriegt einfach nichts mit!

Тормоз!
tormas
Bremse
Du Schlafmütze/Penner!

Die folgenden Ausrufe des Nichtwissens sind nach dem Grad ihrer Grobheit sortiert:

А я его знаю?
a ja jiwo znaju
Aber ich weiß es?
Ja, hab ich denn 'ne Ahnung?

Бог его знает!
boch jiwo znajet
Gott weiß es!
Weiß der Himmel!

Чёрт его знает!
tschjort jiwo znajet
Der Teufel weiß es!
Weiß der Teufel!

Фиг его знает!
fik jiwo znajet
Die Feige weiß es!
Weiß der Geier!

Хуй его знает!
~~ch~~uj jiwo znajet
Der Schwanz weiß es!
Weiß der Geier, verfickt!

Nerven die Anderen durch ihr ewiges Gefrage, kann man sagen:

А я доктор?!
a ja doktar
Aber bin ich Doktor?
Bin ich Moses, oder was?!

Ist man sich nicht sicher, ob die andere Person die Sache begriffen hat, fragt man:

Просёк фишку?!
prasjok fischku
Hast du die Spielmarke durchgchauen?
Hast du die Sache jetzt geschnallt?!

Weitere Wörter für „schnallen“, „checken“ oder „es blicken“ sind: **шарить** (scharit* *wühlen*), **сечь** (sjetsch* *hauen*), **въехать** (wjeehat* *hineinfahren*), **врубаться** (wrubat*sja *einrammen*), **поймать тему** (pajmat* tjemu *Thema fangen*), **ловить волну** (lawit* walnu *Welle fangen*), **пасти поляну** (pasti paljanu *Waldwiese weiden*).

Ты сечёшь?
ty sitschjosch*
Kapierst du es?

Теперь я въехала в тему!
tipjer* ja wje~~eh~~ala f tjemu
Jetzt bin ich in das Thema hereingefahren!
Jetzt hab ich es endlich geblickt!

Erstaunt sein

Hat man endlich erkannt, wie die Dinge wirklich stehen, darf man auch ehrlich erstaunt sein:

Ничего себе!	**Ни фига себе!**	**Ни хуя • себе!**
nitschiwo sibje	ni figa sibje	ni ~~eh~~uja sibje
nichts sich	*keine Feige sich*	*kein Schwanz sich*

Alle: „Boa, das ist ja was!"

Ein „Oh Mann, ej!" bringt man mit folgenden Varianten zum Ausdruck:

Ёлки-палки!
jolki-palki
Tannenbäume-Stöcke

Ёлки зелёные!
jolki ziljonyje
Tannenbäume grüne

Ёлы-палы!
joly-paly
„Tannbäume-Stöcke"

Ё моё!
jo majo
„jo" mein

Eigentlich spielen all diese Sprüche auf einen sehr derben Fluch an, mit dem man natürlich auch seine Verwunderung zum Ausdruck bringen kann:

Ёб твою мать!
job~twaju mat*
Fick deine Mutter!
Ja, Scheiße aber auch!

Обалдеть можно!
abaldjet* moshna
Einen Rausch kann man bekommen!
Junge, ist das abgefahren!

Я в отпаде!
ja w atpadje
ich im Umfallen
Ich fall um, ist das cool!

Я в шоке!
ja f schokje
ich im Schock
Ich bin platt!

Здрасьте!
zdras*tje
Tach
Ja, guten Morgen aber auch!

Ну ты даёшь!
nu ty dajosch
na, du gibst!
Du haust mich um!

Она просто шарами смотрела!
ana prosta scharami smatrjela
Sie hat einfach Bälle geguckt!
Sie hat Augen gemacht wie Scheunentore!

Super, geil & cool

Verwunderung kann natürlich eine angenehme Ursache haben. Die nachfolgenden Wörter drücken alle ungefähr das gleiche aus: „cool“, „toll“, „super“, „geil“, „hipp“ etc.

Класс!	klas	*klasse*
Супер!	supir	*super*
Супер-пупер!	supir-pupir	*super-duper*
Круто!	kruta	*steil*
Клёво!	kljowa	*pickend*
Зачёт!	zatschjot	*Prüfung*
Зачётно!	zatschjotna	*prüfungstauglich*
Реально!	ri-al*na	*real*
Обалденно!	abaldjenna	*zum Verrückt-werden*
Офигенно!	afigjenna	*feigig*
Офигительно!	afigitil*na	*feigig*
Охуительно!	achu-itil*na	*schwanzig*
Наворочено!	nawarotschina	*aufgewickelt*
Кул!	kul	*cool*
Кайф!	kajf	*Rausch*
Кайфово!	kajfowa	*rauschartig*
Убойно!	ubojna	*zum Umhauen*
Пиздато!	pizdata	*fotzig*
Зачепись!	zatschipis*	*häng dich dran*
Заебись!	zajibis*	*fick dich*

Die beiden Ausdrücke **Офигенно!** *und* **Офигительно!** *sind eigentlich nur „Vekleidungen“ für das ziemlich grobe* **Охуительно!**

Auch **Зачепись!** *gibt es eigentlich nur, weil es so ähnlich klingt wie* **Заебись!**

Eine coole Sache, mit der man herumprotzen kann, ist **понтово** (pantowa von frz. „ponter“ – *beim Glücksspiel gegen die Bank spielen*).

Einfach grottenschlecht

Wo Licht ist, da ist Schatten. Und dafür gibt es diese Ausdrücke:

Кошмар!	kaschmar	*Alptraum*
Жуть!	shut*	*das Grauen*
Ужас!	ushas	*Schrecken*
Мрак!	mrak	*Dunkelheit*
Жесть!	shäst*	*abgeleitet von* **жестоко** *(„hart", „grausam")*

Entsprechungen für obige Begriffe sind „hammerhart", „heftig", „krass", „heavy" etc. Ähnlich wie im Deutschen werden sie oft einfach als Füllwörter verwendet.

Üble Sachen oder miese Personen sind:

сраный	sranyj	beschissen
паршивый	parschywyj	räudig
голимый	galimyj	grottenschlecht
фиговый	figowyj	mies (*feigig*)
хреновый	ehrinowyj	kackenmies (*meerrettich-mäßig*)
хувёый	ehujowyj	verfickt (*schwanzig*)
ёбаный	jobanyj	verfickt
ебанутый	jibanutyj	verfickt

Не в кайф!
nje f~kajf
Nicht in den Rausch!
Voll öde!

Это не катит!
äta je katit
Das rollt nicht!
Das ist out!

Einfach grottenschlecht

Zu Dingen, die einfach Scheiße sind, sagt man:

фигня	fignja	Mist (*Feigending*)
дерьмо	dir*mo	Kacke
говно	gawno	Scheiße
шняга	schnjaga	Arschmist (*Schwanz*)
херня	chirnja	Kackmist (*Meerrettichding*)
хуйня	chujnja	Fucking Bullshit (*Schwanzding*)

Das Wort **фигня** *kann aber, je nach Zusammenhang, ganz einfach „Dingsbums" bedeuten.*

Aufgepasst: **говно** *ist ein ganzes Stück gröber als die deutsche Entsprechung und wird nicht als Fluch verwendet, sondern bezieht sich nur auf schlechte Sachen.*

Это полный отстой!
äta polnyj atstoj
Das ist vollständiger Bodensatz!
Das ist der absolute Schrott!

Eine Schweinerei heißt auch auf Russisch **свинство** (swinstwa), die Steigerung davon – eine verfickte Schweinerei – nennt sich jedoch **блядство** (bljatstwa *Hurerei*).

Sachen von schlechter Qualität, Langweiliges, Nutzloses und schlicht und einfach Blödsinniges nennt man **чепуха** (tschipucha), **ерунда** (jirunda), **лабуда** (labuda), **лажа** (lasha), **халтура** (chaltura *Pfusch*), **туфта** (tufta), **фуфло** (fuflo), **муть** (mut* *Trübheit*), **бред** (brjed *Fieberwahn*) oder **лошьё** (laschjo *etwas Pennerhaftes*).

Eine Unordnung wie im Puff

Nun also auf zur großen Unordnung! Die wird in der Regel durch jemanden verursacht: Eine **Маша-растеряша** (mascha rastirjascha *Mascha-Verliertasche*) oder eine **ворона** (warona *Krähe*) ist eine Person, die gerne mal etwas verbummelt. Verbummeln nennt man **посеять** (pasjejat* *säen*) oder als grobe Variante **похерить** (pachjerit* *verschwanzen*).

Bei jemandem, der ständig etwas verbummelt, herrscht immer ein großes Kuddelmuddel (**шурум-бурум** schurum-burum). Wenn es noch schlimmer kommt, ist der Ort, wo sich eine solche Schlampe (**неряха** nirjacha) aufhält, ein Saustall (**свинарник** swinarnik) oder gar ein Puff (**бардак** bardak) bzw. Bordell (**бордель** bardjel*).

Чёрт ногу сломит!
tschjort nogu slomit
Der Teufel wird sich (das) Bein brechen!
Selbst der Teufel bricht sich hier ein Bein!

Kommt zum allgemeinen Durcheinander (**суматоха** sumatocha) und Wirrwarr (**гоголь-моголь** gogal*-mogal* *geschlagenes Eigelb mit Zucker*) noch eine generelle, sich steigernde Aufregung (**ажиотаж** ashyatash *Börsenspekulation*) dazu, dann wird das Ganze wahrhaftig zu einem Irrenhaus (**дурдом** durdom), aus dem es keine Rettung mehr gibt.

Nichts als Scherereien!

Kennen Sie das auch? Alles war so schön geplant, aber dann wird man in jeder Hinsicht im Stich gelassen. Das Resultat: Man hat Scherereien (**заморочки** zamarotschki) ohne Ende, hat Stress pur (**напряг** naprjak – *von* **напряжение:** *„Spannung"*). Nichts klappt, wie es soll, man hat verdammtes Pech (**непруха** nipru-cha). Alles ist ein Riesen-Schlamassel (**полный облом** polnyj ablom *völliges Abbrechen*) oder vulgär gesagt, eine verfickte Scheiße (**пиздец** • pizdjets *Fotzerei*).

Es wird schließlich brenzlig (**стрёмно** strjom-na). Man bekommt Muffensausen und Lampenfieber (**трясучка** trisutschka *der Zittrige*, **мандраж** mandrasch, **стрём** strjom) und läuft somit Gefahr, sich dann auch noch in die Hosen zu machen (**наложить в штаны** nalashyt* f schtany *in Hosen legen*).

Он меня обломал – просто не пришёл!
on minja ablamal – prosta nje prischol
Er hat mich abgebrochen – einfach nicht gekommen!
Der hat mich voll hängen lassen
und ist einfach nicht gekommen!

Может, нам повезёт, а может, мы обломаемся!
moshät, nam pawizjot, a moshät, my ablamajemsja
Vielleicht fahren wir, aber vielleicht brechen wir ab!
Vielleicht haben wir Glück,
vielleicht geht aber auch alles in die Hose!

Nichts als Scherereien!

Они просто забили на нас!
anji prosta zabili na nas
Sie sind einfach hereingeschlagen auf uns!
Die haben uns einfach im Stich gelassen!

С этой историей я просто влипла!
s ätaj istorijej ja prosta wlipla
Mit dieser Geschichte bin ich einfach angeklebt!
Mit dieser Geschichte habe ich einfach nur Trouble!

Werden die Probleme existenziell, kann man sagen:

Нам конец!
nam kanjets
Uns Ende!
Das ist unser Ende!

Им капец/каюк!
im kapjets/kajuk
Ihnen Ende!
Die sind völlig fertig!

Мне хана!
mnje chana
Mir Ende!
Ich bin am Boden!

Мне пиздец!
mnje pizdjets
Mir Fotzerei!
Ich bin am Arsch!

Null Bock auf Nichts

Längst hat sich auch bei einem Teil der russischen Jugend eine Null-Bock-Einstellung breit gemacht, dafür gibt es sogar einen neuen „-ismus“: den „Scheißegalismus“ (**пофигизм** pafigizm). Will man die Umgebung über die persönliche Alles-Egal-Stimmung aufklären, beginnt man mit **Мне совершенно ...** (mnje sawirschänna) und ergänzt dann wahlweise:

... параллельно!
paralljel*na
parallel

... по барабану!
pa~barabanu
über die Trommel

... фиолетово!
fialjetawa
violett

... до лампочки!
da lampatschki
bis zum Lämpchen

... до фонаря!
da fanarja
bis zur Laterne

... до фени!
da fjeni
bis zur Verbrechersprache

All diese Beispiele kann man frei nach Schnauze übersetzen mit „Mir ist das absolut piepe, piepegal, schnuppe, schnurz, wurscht, schietegal etc.“

Мне всё равно!
mnje fsjo rawno
Mir alles egal!
Mir ist das egal!

Мне без разницы!
mnje bjes raznitsy
Mir ohne Unterschied!
Das ist mir gleich!

Какая разница!
kakaja raznitsa
Was macht das für einen Unterschied!

Мне по-любому!
mnje pa-ljubomu
Mir auf beliebige Weise!
Mir ist das pille-palle!

Мне наплевать!
mnje napliwat*
Mir spucken!
Ich spucke da drauf!

Мне насрать!
mnje nasrat*
Mir scheißen!
Ich scheiß da drauf!

Мне по фиг!
mnje po~fik
Mir über die Feige!
Mir ist das piepegal!

Мне по хуй!
mnje po~chuj
Mir über den Schwanz!
Mir ist das scheißegal!

Это меня не напрягает!
äta minja nje naprigajet
Das belastet mich nicht!
Das lässt mich vollkommen kalt!

Мне неохота!
mnje niachota
Ich hab keine Lust!

Это мне влом/западло/впадлу!
äta mnje wlom/zapadlo/fpadlu
Das ist mir Einbruch/Nullbock/Nullbock
Dazu habe ich keinen Bock!

Это мне в облом!
äta mnje w~ablom
Das ist mir in Abbruch!
Dazu habe ich keinen Trieb!

Auf die Nerven gehen

Leider gibt es immer und überall nette Mitmenschen, denen man nichts anderes sagen kann (oder möchte) als „Mensch, du nervst!“.

Ты мне действуешь на нервы!
ty mnje djejstwuisch na njerwy
Du gehst mir auf die Nerven!

Эти люди нервируют меня.
äti ljudi njerwirujut minja
Diese Leute nerven mich.

Хватит нервы трепать!
chwatit njerwy tripat*
Es reicht Nerven ziehen!
Jetzt mal Schluss mit der Nerverei!

Не капай мне на мозги!
nje kapaj mnje na mazgi
Tropfe mir nicht ins Gehirn!
Mach mich nicht kirre!

Не компостируй мне мозги!
nje kampastiruj mnje mazgi
Kompostiere (entwerte) mir nicht das Gehirn!
Mach mich nicht meschugge!

Она мне надоела!
ana mnje nadajela
sie mir überessen
Die hängt mir zum Halse raus!

Ты меня достал!
ty minja dastal
Du (hast) mich erreicht!
Du machst mich fertig!

Ты меня заколебал!
ty minja zakalibal
Du (hast) mich eingeschüttelt!
Du machst mich völlig fertig!

Не пудри мне мозги!
nje pudri mnje mazgi
Pudere mir nicht das Gehirn!
Jetzt hör mal auf, mir das Gehirn durchzublasen!

Ты меня заебал!
ty minja zajibal
Du (hast) mich eingefickt!
Ich hab die Schnauze voll von dir!

Nervt jemand dadurch, dass er oder sie etwas einfach zu langsam macht, kann der folgende Spruch angebracht sein:

Шевели копыта!
schäwili kapyta
Beweg deine Hufe!

Verrückt geworden?!

Geht einem jemand zu sehr auf den Geist, liegt die Vermutung nahe, dass dieser Mensch nicht ganz richtig im Kopf ist. Dies kann man auf vielfältige Weise zum Ausdruck bringen:

У тебя не все дома!
u tibja nje fsje doma
Bei dir (sind) nicht alle zu Hause!
Du hast nicht mehr alle Tassen im Schrank!

Ты с ума сошёл?!
ty s~uma saschol
Bist du vom Geist heruntergekommen?!
Bist du verrückt geworden?!

Он сумасшедший!
on sumaschädschyj
Der ist geistesgestört!

Она сдурела!
ana zdurjela
Sie hat den Verstand verloren!

Он рехнулся!
on ri~~eh~~nulsja
Er ist wahnsinnig geworden!

У тебя крыша поехала?!
u tibja kryscha paje~~eh~~ala
Ist bei dir das Dach weggefahren?!
Bist du blöd geworden?!

Ты гонишь!
ty gonisch
Du jagst!
Du spinnst!

Твои мозги варят?!
twa-i mazgi warjat
Deine Gehirne kochen?!
Bist du noch ganz bei Trost?!

Он просто чёкнутый!
on prosta tschjoknutyj
Der ist einfach bekloppt!

Одуреть можно!
adurjet* moshna
Es ist zum Verrücktwerden!

Ты спятил!
ty spjatil
Du hast einen Stich!

Она немножко такая „с приветом“.
ana nimnoschka takaja s priwjetam
Sie ist ein bisschen so eine „mit schönem Gruß“.
Die hat nen kleinen „Lütütü“.

Wenn sich bei einem Menschen die Ticks (**сдвиги** zdwigi *Verschiebungen*) und Macken (**прибомбасы** pribambasy *Mitbombastische*) immer mehr häufen, ist er voll psycho (**псих** psi~~ch~~ *Psycho-Typ*) und damit ein Kandidat für die Klapsmühle (**психушка** psi~~ch~~uschka).

Verbrecherslang

Früher gab es angeblich unter „Verbrechern und asozialen Elementen“ eine Art Geheimsprache, die ihre kriminellen Machenschaften verschleiern sollte. In den 1920er Jahren wurde in der Sowjetunion vom NKWD (**НКВД** änkawädä) sogar ein Wörterbuch mit dem Titel **Блатная музыка** (blatnaja muzyka *Verbrechermusik*) zu diesem Jargon herausgegeben. Der NKWD (**НКВД** änkawädä) war übrigens der Vorläufer des KGB (**КГБ** kägäbä).

Inwieweit damals oder heute Kriminelle tatsächlich eine Geheimsprache benutzt haben oder benutzen, lässt sich nicht mit Gewissheit sagen. Fest steht: Millionen von Sowjetbürgerinnen und -bürgern waren – oftmals unschuldig – jahrelang in Gefängnissen und Lagern inhaftiert. Dadurch sind viele Knastbegriffe fester Bestandteil des Alltagsslangs geworden. Es ist cool, in Gangstersprache zu sprechen (**ботать по фене** batat* pa fjenje).

In unzähligen Liedern wird die Romantik und Tragik des Verbrecheralltags besungen.

Блатные песни (blatnyje pjesni *Verbrecherlieder*) sind inzwischen zu einer beliebten Musikrichtung avanciert. Ihren Ursprung hat diese Musik in den alten, dreckigen Hinterhöfen. Dort wurden (und werden) diese Lieder gegrölt; oftmals von wenigen, einfachen Gitarrenriffen begleitet:

три блатных аккорда
tri blatnyeh akorda
drei Verbrecher Akkorde

Im russischen Alltag sind Gesetzesverstöße oft nicht zu vermeiden. Dabei läuft alles besser mit Vitamin B (**по блату** pa blatu *über Vetternwirtschaft*). Wenn man einen prestigeträchtigen Studienplatz, eine gute Arbeit oder eine Wohnung haben möchte, bzw. um den Militärdienst herumkommen will, ist es nötig, gute Connections zu haben und ein Schmiergeld (**взятка** wzjatka) zu zahlen.

Dennoch muss betont werden, dass ein harter Kampf gegen die Korruption (**коррупция** karuptsyja) und die Schmiergeldpraxis (**взяточничество** wzjatatschnitschistwa) geführt wird und darauf hohe Strafen stehen. So sollte man –

wenn es denn nötig wird – z. B. Milizangehörigen nie direkt ein Schmiergeld anbieten, sondern besser vorsichtig fragen, ob man nicht eine Strafe zahlen soll (**заплатить штраф** zaplatit* schtraf).

Bullerei & Knast

Der Hauptfeind der Unterwelt ist ganz eindeutig die Polizei, die in Russland seit der Revolution von 1917 Miliz (**милиция** militsyja) heißt. Die folgenden Bezeichnungen für Polizisten, sprich Bullen, sind alles andere als schmeichelhaft: **мент** (mjent), **менты** (minty), **мусора** (musara *Mehrzahl von Müll*), **ментовка** (mintofka *Bullerei*) oder **легавка** (ligafka *Bullerei*).

Die Polizei ist so unbeliebt, weil sie z. B. Schnüffelaktionen durchführt (**навести шмон** nawisti schmon *hinführen Gestank* bzw. **шмонать** schmanat* *stinken*). Dazu rückt die Miliz in einer grünen Minna an (**воронок** waranok *kleiner Rabe*); in Russland ist das meist ein Jeep mit einem Kastenaufsatz der Marke **УАЗ** (u-as). Der schreckliche Vorläufer des heutigen „kleinen Raben" ist der „schwarze Rabe" (**чёрный ворон** tschornyj woran). So nannte man die Limousine, die in der Stalinzeit vornehmlich in den frühen Morgenstunden Leute abholte, von denen man später nur selten wieder etwas hörte.

Einmal vor Gericht wurde ihnen vielleicht zu Unrecht noch irgendeine andere Sache angehängt (**пришили дело** prischyli djela *sie nähten* *eine Sache an*). Dann bekamen sie wahrscheinlich ein paar Jahre aufgebrummt (**вышел срок** wyschal srok *eine Zeitspanne ist herausgekommen*). Sie wurden zu Knastis (**зэки** zäki) und durften ihre Zeit absitzen (**сидеть** sidjet*).

Orte der Inhaftierung:

тюрьма	tjur*ma	Gefängnis
тюряга	tjurjaga	Kittchen
каталажка	katalaschka	Knast
колония	kalonija	Strafkolonie (*Kolonie*)
зона	zona	Strafkolonie (*Zone*)
химия	chimija	Arbeitslager (*Chemie*)
сизо	sizo	U-Haft
вытрезвитель	wytrizwitil*	Ausnüchterungszelle

Obdachlose

Seit dem Zerfall der Sowjetunion hat die Armut zugenommen und damit die Zahl der Bettler und Obdachlosen. Diese werden zwar nicht per se kriminalisiert, aber trotzdem oftmals nicht gerade pfleglich von der Miliz behandelt.

Ein verbreitetes, abwertendes Wort für Bettler (**нищий** nischschij *Niederer*) ist **попрошайка** (papraschajka *Schnorrer*). Das neutrale Wort für „Obdachloser" ist **бездомный** (bizdomnyj *Hausloser*), häufiger hört man jedoch die Verachtung ausdrückende Abkürzung **бомж**(M) (bomsch) bzw. für Frauen **бомжиха**(W) (bamshyeha). Diese Abkürzung wurde ursprünglich von der Miliz geprägt und steht für **без определённого места жительства** (bjes apridiljonnawa mjesta shytil*stwa *ohne festen Wohnsitz*).

Stehlen, klauen, rauben ...

украсть	ukrast*	*stehlen*
спереть	spirjet*	*wegschleppen*
стянуть	stinut*	*wegziehen*
свистнуть	swistnut*	*wegpfeifen*
спиздить	spizdit*	*wegfotzen*
спиздануть	spizdanut*	*wegfotzen*
цапцарапать	tsaptsarapat*	*Zappzarapp machen*
спионерить	spianjerit*	*wegpionieren*
скомсомолить	skamsamolit*	*wegkomsomsomolen*
скоммуниздить	skamunizdit*	*wegkommunisten*

Мой кошелёк спёрли!
moj kaschyljok spjorli
Mein Portmonee wurde mir geklaut!

Не оставляй велик на улице – ноги приделают.
nje astawljaj wjelik na ulitsä – nogi pridjelajut
Lass das Fahrrad nicht auf der Straße stehen – das kriegt sonst Beine.

Das untenstehende Sprichwort passt nicht nur bei Diebstahl, sondern auch, wann immer es praktischer ist, unbequeme Regeln nicht so ernst zu nehmen – z. B., wenn es wieder einmal neue behördliche Anordnungen gibt, die keinen anderen Zweck zu haben scheinen als einem das Leben nicht zu süß werden zu lassen.

Чтоб жизнь мёдом не казалась.
schtob shyzn* mjodam nje kazalas*
damit das Leben nicht als Honig erscheint
„Damit das Leben nicht zu süß wird."

Leider lässt sich die kurze, verschmitzte Doppeldeutigkeit dieses Spruchs auf Deutsch nur schwer wiedergeben:

Если нельзя, а очень хочется, то можно.
jesli nil*zja, a otschin* ~~ch~~otschitsa, to moshna
„Wenn man etwas nicht kann oder darf, aber dennoch große Lust darauf hat, dann geht das trotzdem in Ordnung."

Mehr Vokabular zu illegalen Aktivitäten:

блатной мир	blatnoj mir	Unterwelt (*Verbrecherwelt*)
шпана	schpana	Unterwelt/ Gesocks
вор в законе	wor w zakonje	Schwerer Junge (*Dieb im Gesetz*)

брать/платить за крышу
brat*/platit* za kryschu
nehmen/bezahlen für das Dach
Schutzgeld kassieren / bezahlen

Gangster (oder solche, die so cool wie Gangster sein wollen) reden sich unter einander gerne mit **брат** (brat *Bruder*) oder **братан** (bratan *cooler Bruder*) an. Eine ganze Gruppe solcher Typen nennt sich **братва** (bratwa *Bruderschaft*). Seit den wilden 90ern gibt es zum Glück immer weniger Gangster, die Autos überfallen und ausrauben (**рэкетир** räkitir oder **рэкет** räkit). Immer noch aktuell ist, dass Banken ausgeraubt werden (**ограбить банк** agrabit* bank) oder eleganter ausgedrückt „Banken gesäubert werden" (**очистить банк** atschistit* bank).

Ein typischer Begriff aus der Verbrechersprache für „Überfall" ist **гоп-стоп** (gop-stop). Die geraubten Schätze werden vielleicht erst einmal in eine Gangsterhöhle (**малина** malina *Himbeere*) gebracht. Wenn eine Menge illegales Geld angehäuft wurde, muss man das Geld schnell „waschen" (**промывание денег** pramywanije djenig *Geldwäsche*).

Abhauen

Damit man vor bösen Überraschungen sicher ist, muss jemand Schmiere stehen (**стоять на стрёме/шухере** stajat* na strjomje/schuchirje). Wenn derjenige Alarm gibt, muss man sich dünne machen:

Смываемся!
smywajemsja
Wir spülen uns weg!
Wir verduften jetzt!

Сваливаем!
swaliwajem
Wir fallen ab!
Wir verziehen uns!

Сматываем удочки!
smatywajem udatschki
Wir ziehen die Angeln ein!
Wir verdünnisieren uns!

Надо делать ноги!
nada djelat* nogi
Man muss Beine machen!
Wir müssen abhauen!

Ärger im Anmarsch

Während wir den Stinkefinger zeigen, zeigt man in Russland „eine Feige". Dabei wird der Daumen zwischen dem Zeige- und dem Mittelfinger durchgeschoben.

An sich ist es ja noch nichts Kriminelles, wenn jemand einen dicken Hals bekommt (**возбухать** wazbu~~ch~~at* *anschwellen*) oder Zicken macht (**выёбываться** wyjobywatsa *sich herausficken*), aber die Grenzen sind fließend. Jemandem offen „eine Feige zeigen" (**фигуш показать** figusch pakazat*) kann schon als ernste Beleidigung aufgefasst werden.

Erwischt man jemanden, der gerade irgendwo hingeht, wo er nichts zu suchen hat, kann man ihn fragen:

Куда ты лыжи навострил?!
kuda ty lyshy nawastril
Wohin hast du die Skier gespitzt?
Na, wohin geht die Post?!

Hatte die Person tatsächlich etwas Verbotenes vor, braucht sie jetzt eine gute Ausrede (**отго-**

ворка atgaworka oder **отмазка** atmaska *Wegschmiererei*), sie muss sich irgendwie rausreden (**отмазаться** atmazatsa *sich wegschmieren*). Wenn ein offensichtlich unfähiger Typ wieder mal etwas nicht hingekriegt hat, sagt man:

Плохому танцёру всегда яйца мешают!
plachomu tantsoru fsigda jajtsa mischajut
Einem schlechten Tänzer sind die Eier immer im Weg!

Wenn einen das Gerede seines Gegenübers nervt, kann man Folgendes sagen:

Не вешай мне лапшу на уши!
nje wjeschaj mnje lapschu na~uschy
Häng mir keine Nudeln an die Ohren!
Erzähl keinen Mist, mach mir nichts vor!

Фливтруй базар!
fil*truj bazar
Filtere (den) Basar!
Pass auf, was du sagst!

Чё ты мне паришь?!
tschjo ty mnje parisch
Was dampfst du mir?
Was willst du, was laberst du da?!

Заткнись!
zatnkis*
Steck dich zu!
Halt die Klappe!

Замолчи!
zamaltschi
Beginne zu schweigen!
Sei still!

Закрой своё паяло, чтоб здесь не воняло!
zakroj swajo pajala, schtob zdjes* nje wanjala
Mach deine Fresse zu, damit's hier nicht stinkt!
Mach dein Maul zu, es stinkt schon!

Vor durchdringenden Blicken hilft vielleicht:

Что ты пялишься?!
schto ty pjalischsja
Was glotzt du so?

Hau ab!

Wenn es aggressiver wird, ist es vielleicht gar nicht verkehrt, den nachfolgenden Aufforderungen auch zu folgen:

Отвали!
atwali
Roll weg!
Mach die Biege!

Шуруй отсюда!
schuruj atsjuda
Kratz dich hier weg!
Verdünnisier dich!

Пошёл ты!
paschol ty
Geh du!
Hau ab!

Пошёл на хуй!
paschol na~~~eh~~uj
Geh zum Schwanz!
Verpiss dich!

Пиздуй отсюда!
pizduj atsjuda
Fotze weg von hier!
Verpiss dich!

Pass bloß auf!

Я покажу тебе, где раки зимуют!
ja pakashu tibje, gdje raki zimujut
Ich zeig dir, wo die Krebse überwintern!
Ich zeig dir, wo der Hammer hängt!

Тебе жить надоело?!
tibje shyt* nadajela
Dir zu leben ist überessen!
Du hast wohl lange nicht mehr aus 'nem Sarg gelächelt?!

Смотри у меня!
smatri u minja
Schau bei mir!
Pass bloß auf!

Раком тя поставлю!
rakam tja pastawlju
Ich stell dich wie einen Krebs hin!
Ich würde dich gerne mal von hinten nehmen!

Prügeln und morden

Wenn es heißt, dass man die Beziehungen zueinander klären möchte (**выяснить отношения** wyjisnit* atnaschänija), bedeutet das meist, dass man zu tätlichen Auseinandersetzungen (**разборки** razborki *Klärungen*) übergeht. Dann gibt es eine Prügelei (**драка** draka) oder eine Klopperei (**взбучка** wzbutschka), und man läuft Gefahr, vermöbelt, versimst, verwamst oder verdroschen zu werden:

пинать	pinat*	*treten*
лупить	lupit*	*abschälen*
дубасить	dubasit*	*mit einem Eichenstock schlagen*
вывозить	wywazit*	*herausführen*

Ему здорово промыли косточки!
jimu zdorawa pramyli kostatschki
Ihm haben sie die Knöchlein gesund gewaschen!
Dem haben sie die Knochen ganz schön durchgewalkt!

Замочить zamotschit* *ist zwar ziemlich vulgär, aber in Bezug auf tschetschenische Rebellen war sich selbst Präsident Putin nicht zu fein, das Wort in den Mund zu nehmen.*

Sterben

Wenn's ganz hart kommt, wird jemand ermordet (**убить** ubit*), ausgelöscht (**загасить** zagasit*) oder umgelegt (**замочить** zamotschit*). Ein ganz profaner, traditioneller Mörder ist ein **убийца** (ubijtsa *Mörder*). Den Auftragsmörder nennt man mit einem fast vornehmen Beiklang wie im Englischen **киллер** (kilir *Killer*).

Ob nun auf natürliche oder unnatürliche Weise, wir alle müssen irgendwann mal den Löffel abgeben, alle Viere von uns strecken, uns die Radieschen von unten ansehen, ins Gras beißen ...

отдать концы atdat* kantsy	*die Enden abgeben*
сыграть в ящик sygrat* w jaschschik	*in die Kiste spielen*
отстегнуть копыта atstignut* kapyta	*die Hufe abschnallen*
тапочки откинуть tapatschki atkinut*	*die Pantoffeln von sich strecken*
лапки откинуть lapki atkinut*	*die Pfötchen von sich strecken*
отбросить кегли atbrosit* kjegli	*die Kegel wegwerfen*
в ящик сложиться w jaschschik slashytsa	*sich in die Kiste zusammenlegen*
околеть akaljet*	*krepieren*
сдохнуть zdoehnut*	*verrecken*

положить зубы на полку
palashyt* zuby na polku
die Zähne ins Regal legen

лечь в дубовый чемодан
ljetsch w dubowyj tschimadan
sich in den Eichenkoffer legen

Schuften & malochen

Die Menschen in Russland arbeiten viel und hart. Manche müssen in drei oder vier Jobs schuften (**вкалывать** fkalywat* *hineinstechen*) und ackern (**похать** pa~~ch~~at* *pflügen*), um sich irgendwie über Wasser zu halten. Denn bezahlt wird oft nur schlecht:

Денег – кот наплакал!
djenig – kot naplakal
Der Kater hat Geld herangeweint!
So wenig Geld, dass man weinen möchte!

Manch einer wird zum regelrechten Arbeitstier (**работяга** rabatjaga oder **трудяга** trudjaga, beides: *Arbeitsmensch*) oder gar Workaholic (**трудоголик** trudagolik).

Natürlich gibt es auch in Russland genügend Leute, die sich gerne einen lauen Lenz machen (**сидеть на расслабоне** sidjet* na rasslabonje *auf dem Entspanner sitzen*) und sich um alles herumdrücken (**сачковать** satschkawat* *mit dem Kescher fangen*). So ein Drückeberger (**сачок** satschok *Kescher*), Nichtstuer (**бездельник** bizdjelnik) oder Faulenzer (**лентяй** lintjaj) kriegt es immer wieder hin, krank zu feiern. Man sagt, er leide an „Listigkeitsentzündung“ (**воспаление хитрости** waspaljenije chitrasti).

Solche Leute kommen gerne irgendwo unter, wo es sich nach folgender Devise leben (und arbeiten) lässt:

Поближе к кухне, подальше от начальства!
pablishä k kuehnje, padal*schä at natschal*stwa
Näher dran an der Küche und weiter weg von den Chefs!

Fürs Nichtstun gibt es die folgenden schönen Wendungen:

валять дурака waljat* duraka	*den Dummkopf rollen*
гонять балду ganjat* baldu	*den dicken Hammer/ den Dummen jagen*
гонять чаи ganjat* tschi-i	*die Tees jagen*

„Die Tees jagen" deshalb, weil die schönste Beschäftigung beim Nichtstun ja das Teetrinken ist!

Aufgepasst: Ein **чернорабочий** (tschirnarabotschij *Schwarzarbeiter*) ist kein Schwarzarbeiter im deutschen Sinne (einer, der keine Steuern zahlt), sondern einer, der die niedrigsten und dreckigsten Arbeiten macht. Arbeiten ohne Steuern zu zahlen nennt sich **работать нелегально** (rabotat* niligal*na *illegal arbeiten*).

Kohle, Asche, Mäuse

Eine besonders emotionale Beziehung zum lieben Geld kommt in den folgenden Verniedlichungsformen zum Ausdruck: **денежки** (djenischki), **деньжата** (din*shata), **деньжа** (din*sha). Diese Wörter könnte man alle mit „Geldchen" oder „Scheinchen" übersetzen.

Kohle, Asche, Mäuse

Die nebenstehenden Begriffe wurden abgeleitet von **баба** *(baba Weib/ Großmütterchen), weil zur Zarenzeit das Porträt der Zarin Katharina II. auf den Rubelscheinen abgebildet war.*

Noch aus der Zarenzeit sollen folgende Wörter für Geld stammen: **бабки** (bapki), **бабло** (bablo) oder **баблы** (bably). Die Wörter **хрусты** (chrusty) und **шелесты** (schylisty) spielen darauf an, dass Geldscheine so schön knistern (**хрустеть** chrustjet*) und rascheln (**шелестеть** schylistjet*). Der deutsche Ausdruck „Kohle machen" lässt sich wie folgt übersetzen:

нарубить капусты narubit* kapusty	*Kraut zusammenhacken*
бабки косить babki kasit*	*die Weibchen sensen*
деньги грести djen*gi gristi	*Geld kämmen*
навариться nawaritsa	*sich zusammenkochen*

Сколько ты на этом дельце наварила?
skol*ka ty na ätam djel*tsy nawarila
Wieviel (hast) du an diesem Sächlein zusammengekocht?
Wie viel Asche hast du mit dieser Geschichte gemacht?

Währungen

Den Rubel (**рубль** rubl*) nennt man kurz **рупь** (rup*). Die so begehrten Dollars werden auch **баксы** (baksy) genannt, als Ableitung von dem amerikanischen Slangbegriff „buck" für „Dollar". Alternativ nennt man den Dollar **зелёные** (ziljonyje *grüne*), **грины** (griny abgeleitet vom englischen „green") und **грюны** (grjuny abgeleitet vom deutschen „grün"), denn die netten Scheinchen sind nun einmal grün. Für diejenigen, denen der Euro (**евро** jewra) lieber ist, gibt's das Wörtchen **еврик** (jewrik *Eurochen*).

Neben der offiziellen ukrainischen Währungsbezeichnung Griwnja (**гривня** griwnja) hat sich die umgangssprachliche männliche Variante **гривень** (griwin*) entwickelt, da der Rubel grammatikalisch auch männlich ist. So kommen an **гривень** die gleichen grammatikalischen Endungen wie an den Rubel:

Die ukrainische Aussprache für Griwnja ist hrywnja.

два рубля пятьдесять
dwa rublja pitdisjat*
zwei Rubel fünfzig

два гривня пятьдесять
dwa griwnja pitdisjat*
zwei Griwnja fünfzig

Korrekt müsste Letzteres aber heißen: **две гривни пятьдесять** (dwje griwni pitdisjat*).

Für den weißrussischen Rubel (**белорусский рубль** bilaruskij rubl*) gibt es die Bezeichnung **зайчики** (zajtschiki *Häslein*). Dadurch kommt auch zum Ausdruck, dass diese Währung nicht sonderlich stark ist.

Die 1991 eingeführte Währung des unabhängigen Weißrusslands zeigte ein Häslein auf dem Ein-Rubel-Schein – dieser fiel aber relativ schnell der Inflation zum Opfer.

Nicht sehr freundlich ist die abwertende Bezeichnung **бабаи** (babai *Asiaten*) für die verschiedenen Währungen der mittelasiatischen Staaten wie z. B. dem Tenge (**тенге** tingje) in Kasachstan.

Dann gibt es noch folgende Mengenangaben für Währungseinheiten:

пятак	pitak	5 oder 50 Rubel
чирик	tschirik	10 Rubel
полтинник	paltinnik	50 oder 50.000 Rubel
тридцатник	tritsatnik	30 Rubel
штука баксов	schtuka baksaf	1000 Dollar (*ein Stück Dollar*)
лимон	limon	1 Million (*Limone*)

Die Inflationsraten sind in einigen Nachfolgestaaten der Sowjetunion sehr hoch. Hier kann man oft erleben, dass die Tausender einfach nicht genannt werden, was dann auf den ersten Blick zu paradoxen Zahlen führt.

Kostet etwas 35.600 weißrussische Rubel, wird umgangssprachlich gesagt:

тридцать пять шестьсот
tritsat* pjat* schästsot
dreißig fünf sechshundert

Korrekt müsste das Ganze heißen:

тридцать пять тысяч шестьсот
tritsat* pjat* tysitsch schästsot
dreißig fünf tausend sechshundert

Der Dollar gilt oftmals immer noch als Orientierungshilfe für die Preise. Da die Preise aber eigentlich nur in den Nationalwährungen angegeben werden dürfen, sieht man bei der Preisauszeichnung die Abkürzung **у.е.** (u jä) stellvertretend für **условные единицы** (uslownyje jidinitsy *bedingte Einheiten*).

Bares, bargeldlos & gratis

Für Bargeld (**наличные деньги** nalitschnyje djen*gi) gibt es die kurze und coole Form **нал** (nal), alles was bargeldlos abläuft, ist entsprechend **по безналу** (pa biznalu *auf ohne-Bargeld-Art*). Wenn es irgendwo was umsonst gibt, so nennt man das **на шару** (na scharu) oder **на халяву** (na chaljawu). Und dann ist es auch nicht mehr so wichtig, ob diese Sache gut ist oder nicht, denn:

На шару и уксус сладкий!
na scharu i uksus sladkij
Umsonst schmeckt selbst der Essig süß!

Einkaufen

Kaum hat man ein bisschen Geld gemacht, muss man auch gleich wieder für alles mögliche blechen (**башлять** baschljat*) und das Geld hinblättern (**отдать денег** atdat* djenig *Geld abgeben*) oder es gar rausknallen (**угрохать деньги** ugrochat* djen*gi). Denn überall wird versucht, etwas zu verticken (**втюхать** ftjuchat*) oder zu verschachern (**толкать** talkat* *schieben*).

Seit dem Zerfall der Sowjetunion gibt es auf allen Märkten des Landes fliegende Händler, die aus den jeweiligen Nachbarländern alle zum Leben notwendigen Dinge heranschaffen. Man nennt sie **челноки** (tschilnaki *Webma-*

schinenschiffchen), weil sie wie dieses Schiffchen unermüdlich hin- und herfahren. Oftmals werden sie auch abwertend als **торгаши** (targaschy *Händlergesindel*) bezeichnet. Die Märkte, auf denen sie ihre Ware anbieten, nennt man **толчок** (taltschjok *Stoß/Geschachere*) oder auch **барахолка** (bara~~ch~~olka *Krimskramsmarkt*), weil dort **барахло** (bara~~ch~~lo *Krams*) verkauft wird. Dort kann man auch mal ein Schnäppchen (**дешёвка** dischofka) erstehen, z. B. weil es Secondhand ist (**бывший в употреблении** byfschyj w upatribljenii, Abk. **б/у** bä-u) oder ohne Steuern und Aufschläge (**без накруток** bjes nakrutak).

In Bezug auf die Qualität von einheimischen Waren sind viele Menschen in Russland bis heute skeptisch. Da muss das Prädikat „europäisch" herhalten, um für Güte zu bürgen, wie der folgende Spruch aus der Werbung zeigt:

Русская традиция, европейское качесво!
ruskaja traditsyja, jiwrapjejskaje katschistwa
Russische Tradition und europäische Qualität!

Über eine Wohnung, die mit technischer und sanitärer Ausstattung auf dem allerneuesten Stand ist, sagt man, die hätte **евроремонт** (jiwrarimont *europäische Renovierung*).

Was kauft man, um sich hervorzuheben (**выделываться** wydjelywatsa), auf den Putz zu hauen (**выпендриваться** wypjendriwatsa) oder um rumzuprotzen (**понтоваться** pantawatsa)? Natürlich Klamotten (**шмотки** schmotki bzw. **одёжка** adjoschka).

Ух ты, где урвала ботины?
u~~ch~~ ty, gdje urwala batiny
Holla, wo hast du die Treter abgestaubt?

Hat eine Frau einen Modefimmel und daher einen berstend vollen Kleiderschrank, so ist sie eine **шмотница** (schmotnitsa *Klamottennärrin*). In jüngster Zeit kommt dies auch immer häufiger bei Männern vor, das ist dann der **шмотник** (schmotnik *Klamottennarr*).

Technik, die begeistert

Auch in Russland brodelt das Medienzeitalter. Russische Compterspezialisten z. B. sind auch im Ausland heiß gefragte Leute. Längst gibt es auch in Russland technische Geräte mit allen Schikanen (**со всеми наворотами** sa wsjemi nawarotami *mit allen Aufwicklern*). Vor Begeisterung oder auch aus Ironie zitiert man gerne folgenden Werbespruch:

Техника на грани фантастики!
tjeehnika na grani fantastiki
Technik an der Grenze zum Phantastischen
Technik, die begeistert!

Computer

Den Computer nennt man im Slang ganz kurz **комп** (komp). Manchmal hängt er sich leider auf (**повис/завис** pawis/zawis) oder spinnt herum (**глючит** gljutschit *halluziniert*).

Mit Hilfe des Compis kann man im Internet (**инет** inät) „kriechen" (**лазить в инете** lazit' w inätje) und bei Belieben etwas aus dem Internet „herunterpumpen", sprich herunterladen (**скачать с инета** skatschat* s~inäta). Die „Suchmaschine" heißt kurz **поисковик** (pa-iskawik *Sucher*). Mit einem Brenner (**резак** rizak *Schneider*) kann man Dateien (**документы** dakumjenty *Dokumente*) auf einen CD-Rohling (**болванка** balwanka *Dummerchen*) brennen (**нарезать** narjezat* *daraufschneiden*).

Das Wort e-mail *wird übrigens fast immer mit lateinischen Buchstaben geschrieben. Leute, die ein bisschen besser Englisch können, sagen* i~mäjl, *die anderen sprechen das „*e*" Russisch aus:* je~mäjl.

Freunden kann man E-Mails „hinwerfen" (**кинуть** kinut*). Das @-Zeichen heißt auf Russisch in der Regel **собака** (sabaka *Hund*). Theoretisch kann man heute mit allen Computern E-Mails in kyrillischer Schrift (**на кирилице** na kirilitsä) verschicken und lesen, aber oft klappt das dann doch nicht. Also schreibt man sie in lateinischer Schrift (**на латинице** na latinitsä). Dabei hat jeder sein eigenes System, die russischen Buchstaben in lateinische umzusetzen. Manchmal braucht man eine Weile, ehe man solch einen Text entziffert hat.

Natürlich gibt es in der Computersprache auch jede Menge englische Wörter: Browser bleibt **браузер** (brauzir), Game bleibt **гейм** (gäjm), und Software wird zu **софт** (soft).

Handy

Noch vor wenigen Jahren ein Luxus, ist auch das Handy zum Massenartikel geworden.

Ganz offiziell heißt das Ding **мобильный телефон** (mabil*nyj tilifon *Mobiltelefon*). Coole Kurzformen sind **мобильник** (mabil*nik) und

мобила (mabila). Analog zum amerikanischen „cellphone" sagt man **сотовый** (sotawyj *Wabentelefon*) oder kurz **сотовик** (satawik). Darüber hinaus gibt es noch die Bezeichnung **труба** (truba *Rohr*). Mit dem Gerät kann man natürlich nicht nur telefonieren, sondern auch SMS-chen (**эсэмэска** äsämäska) versenden, sprich simsen (**симофорить** simaforit*). Ganz wichtig ist, dass man die richtige SIM-Karte (**симка** simka) und immer das Ladegerät, kurz **заряжалка** (zarishalka), dabei hat.

TV, DVD, CD ...

Zu den beliebtesten Sendungen auf dem **телек** (tjelik *Fernseherchen*) bzw. **ящик** (jaschschik *Kiste*) gehören die endlosen Fernsehserien (**сериал** sirial). Neben den traditionellen brasilianischen Serien werden auch immer mehr russische gezeigt. Hoch im Kurs stehen auch Talkshows (**ток-шоу** tok-schou), der Kampffilm (**боевик** bajiwik), der Horrorfilm (**ужастик** ushastik) und der Kriminalfilm (**детектив** ditiktif). Nicht nur Kinder stehen auf Trickfilme – kurz **мультики** (mul*tiki).

пиратская копия piratskaja kopija	Illegale Kopie (CD/DVDs) (*Piratenkopie*)
компакт kampakt	CD (abgeleitet vom englischen „compact disc")
цедешка tsädäschka	CD
кассетник kassjetnik	Kassettenrecorder
плеер pläjer	kleine, tragbare Abspielgeräte (Kassette, CD oder MP3; abgeleitet v. „Player")

DVD nennt sich wie im Englischen diwidi und wird mit lateinischen Buchstaben geschrieben. Das gilt auch für CD (sidi).

Wenn man cool ist, schaltet man technische Geräte nicht ein oder aus, sondern man „hackt" sie ein oder aus (**врубить** wrubit* *einhacken* bzw. **вырубить** wyrubit* *aushacken*). Und die Sachen funktionieren nicht, sondern sie „funktionobeln" (**фурычить** furytschit*).

Fotografieren

фотка fotka	kurz und cool für **фотография** (Foto)
фоткать fotkat*	Kurzform von **фотографировать** (fotografieren)
щёлкнуть schschjolknut*	knipsen (*schnipsen*)
мыльница myl*nitsa	billiger Fotoapparat (*Seifendose*)

Das Militär

Ein Zuckerschlecken war der Dienst in der russischen bzw. sowjetischen Armee noch nie. Unter den schwierigen ökonomischen Bedingungen der letzten Jahre hat sich die Situation noch verschärft. So gibt es z. B. oft nur zu wenig und sehr schlechtes Essen. Es besteht jederzeit die Möglichkeit, in den Krisenregionen im Kaukasus eingesetzt zu werden und dort, wenn nicht das Leben, so doch die Gesundheit zu verlieren. Kein Wunder, dass viele versuchen, um den Armeedienst herumzukommen, z. B. durch Bestechung oder gefälschte ärztliche Bescheinigungen. Offiziell gibt es zwar seit einigen Jahren einen Zivildienst (**альтернативная служба** al*tirnatiwnaja slushba *alternativer Dienst*), die Auswahlkriterien sind aber überaus streng.

Das Schikane-System in der russischen Armee wird **дедовщина** (didafschschina) oder **дедуха** (diducha) genannt, also in etwa „Großvater-System". Denn die dienstälteren Soldaten, die man „Großvater" (**дед** djed) oder „Alter" (**старик** starik) nennt, wählen sich unter den Dienstanfängern (**салага** salaga) regelrecht Diener aus, die dann die unangenehmen Arbeiten für sie ausführen müssen. Diese „jungen" Soldaten heißen auch **свисток** (swistok *Pfeife*), **дух** (duch *Geist*), **слон** (slon *Elefant*) oder **солобон** (salabon). Die letzten beiden Wörter sind die Abkürzung für:

Die Schikane beim russischen Militär nimmt teilweise unglaubliche Formen an. Immer wieder werden Fälle von Folter, Mord oder Selbstmord unter den Soldaten bekannt.

солдат, любящий большие нагрузки
saldat, ljubjaschschij bal*schyje nagruski
große Belastungen liebender Soldat

Скоро буду дембелем!
skora budu djembiljem
Bald werde ich ein „Dembel“ (ein demobilisierter Soldat) sein!

Das ist dann die Zeit, wo an den Abenden akribisch am Armee-Entlassungsalbum (**дембельский альбом** djembil*skij al*bom) gebastelt wird, was vielleicht auch mal stolz ausländischen Gästen präsentiert wird.

Noch mehr Militärjargon:

откосить /скосить от армии
atkasit*/skasit* at~armii
wegschrägen von der-Armee
sich vor dem Militärdienst drücken

шакал schakal	Offizier *(Schakal)*
нехватоз ni~~ch~~watos	schlechte Essensversorgung *(Es-reicht-nicht-ose)*
свальняшка swal*njaschka	Ausgangsgenehmigung *(Verdünnisierungspapierchen)*
самоход sama~~ch~~od	unerlaubtes Entfernen von der Truppe *(Selbstgang)*
губа guba	Armeeknast *(Lippe)*, eigentlich: **гауптвахта** (gauptwa~~ch~~ta *Hauptwache*)

Russisch in Deutschland

Offiziell leben in Deutschland mehr als drei Millionen Menschen aus der ehemaligen Sowjetunion. Die meisten sind deutschstämmige Aussiedler, andere sind jüdischer Herkunft, haben Deutsche geheiratet, arbeiten oder studieren in Deutschland ...

Besonders die Russlanddeutschen haben dabei oft ein Problem mit ihrer Identität: In der Sowjetunion waren sie „die Deutschen", wurden teilweise sogar als „Faschisten" beschimpft. Jetzt, im Land ihrer Urgroßeltern, sind sie „die Russen". Auf der einen Seite bekommen sie immer wieder zu hören, dass sie sich integrieren sollen, auf der anderen Seite müssen sie erleben, dass sich die „eingeborenen" Deutschen nicht sonderlich für sie interessieren und häufig mit Befremden reagieren, wenn man sie mit einem russischen Akzent anspricht.

Aber nicht nur Deutsch sprechen viele Russen mit Akzent, auch das in Deutschland gesprochene Russisch ist anders als in Russland. Manche sprechen Russisch und Deutsch wild durcheinander:

Только купила Sommersachen,
как опять kalt стало!
tol*ka kupila Sommersachen, kak apjat* kalt stala
Gerade erst habe ich mir Sommersachen gekauft, schon ist es wieder kalt geworden.

In korrektem Russisch wäre der Satz ein bisschen länger: **Только купила летнюю одежду, как опять стало холодно**! (tol*ka kupila ljetnjuju adjeshdu, kak apjat* stala choladna).

Die in Deutschland lebenden Russischsprachigen nennen sich oft **руссаки** (russaki *Russaken*) bzw. **руссачка**(W) (russatschka *Russakin*). Viele alltägliche Dinge werden einfach auf Deutsch gesagt – natürlich mit russischem Akzent:

банхоф	Bahnhof
banehof	*russ.:* **вокзал** wakzal
автобан	Autobahn, *russ.:* **автомагистраль**
aftaban	aftamagistral*
паркплац	Parkplatz
parkplats	*russ.:* **стоянка** stajanka
арбайтсамт	Arbeitsamt
arbajtsamt	*russ.:* **биржа труда** birsha truda

Manche Wörter werden einfach verkürzt oder bekommen neben der russischen Aussprache außerdem noch russische Endungen:

социал satsyal	Sozialamt *russ.:* **собес** sabjes
анмельдоваться anmjel*dawatsa	sich anmelden *russ.:* **регистрироваться/ подать заявление** registrirawatsa/padat* zajiwljenije
шварцовать schwartsawat*	schwarz arbeiten *russ.:* **работать нелегально** rabotat* niligal*na
пуцать putsat*	putzen gehen *russ.:* **работать уборщицей** rabotat* uborschschitsäj
штудировать schtudirawat*	studieren *russ.:* **учиться/изучать** utschitsa/izutschat*
шпаровать schparawat*	für etwas sparen *russ.:* **копить** kapit*
штрассик schtrasik	Straßenbahn *russ.:* **трамвай** tramwaj

Zum Teil sind völlig neue Wortkombinationen entstanden, wobei deutsche Wörter durch ähnlich klingende russische ersetzt wurden:

Я сижу на арбайтслёзах.
ja sishu na arbajtsljozach
Ich sitze auf den Arbeits-Tränen.
Ich lebe von Arbeitslosengeld.

Auch viele kleine Bindewörter haben sich in das Deutschlandrussisch eingeschlichen, zum Teil, weil es auf Russisch dafür keine richtige Entsprechung gibt, wie z. B. beim Wörtchen „doch“:

Значит, ты сегодня уже не придёшь?
– Дох, приду!
znatschit, ty siwonja ushä nje pridjosch – do~~ch~~, pridu
Das heißt, du kommst heute nicht mehr?
– Doch, ich komme!

In korrektes Russisch könnte das etwa so übersetzt werden:

Значит, ты сегодня уже не придёшь?
– Да нет, приду!
znatschit, ty siwonja ushä nje pridjosch – da njet, pridu
Das heißt, (dass) du heute schon nicht kommst?
– Ja nein, ich komme!

Selbst deutsche Schimpfwörter wurden schon auf eine kreative Art „eingerussischt“ und der russischen Wortbildung angepasst:

Ах, мне всё по-егалу!
a~~ch~~, mnje fsjo pa-jgalu
Ach, mir ist alles egal!

Ну что ты хочешь? Шайс по-егалу!
nu schto ty ~~ch~~otschisch? schajs pa-jgalu
Na, was willst du denn? Ist doch scheißegal!

Lernen & büffeln

Lustig ist das Leben in den Studentenwohnheimen ... zumindest, wenn nicht gerade Prüfungszeit ist:

От сессии до сессии живут студенты весело!
at sjessii da sjessii shywut studjenty wjesila
Von Prüfungszeit zu Prüfungszeit leben Studenten lustig!

Zweimal im Jahr, gegen Ende des jeweiligen Semesters, beginnen alle zu büffeln (**зубрить** zubrit*) und zu bimsen (**долбить** dalbit* bzw. **долбать** dalbat* *meißeln*). Kurzfristiges Büffeln hat jedoch oft keinen anhaltenden Lerneffekt:

Зазубрил, сдал, забыл...
zazubril, zdal, zabyl
Auswendig gebüffelt, Prüfung bestanden – und vergessen ...

Bei der Unmenge von Prüfungen, die russische Studierende pro Semester ablegen müssen, nicht durchzurauschen (**провалиться** prawalitsa), ist ohne Spickzettel (**шпаргалка** schpargalka abgeleitet von dem polnischen Wort szpargały *alte Papiere* bzw. **шпоры** schpory *Sporen*) oftmals kaum möglich. Ein wie eine Ziehharmonika gefalteter Spicker ist eine **гармошка** (garmoschka *Harmonika*). Für einen Bomben-Spicker **бомба** (bomba *Bombe*) wird zu jeder möglichen Prüfungsfrage eine genaue Antwort auf je einem Blatt Papier vorbereitet. Diese werden an die Innenseite des Jackets geheftet und dann muss man nur geschickt genug sein, das richtige Blatt herauszuholen.

Hat man dann doch nicht alle Prüfungen des Semesters bestanden (oder ist gar nicht erst hingegangen) und darf trotzdem weiterstudieren, muss man zusehen, dass man schleunigst die Versäumnisse (**хвосты** chwasty *Schwänze*) aufholt.

технарь tiehnar*	Berufsschule, kurz für **техникум** tjeehnikum
универ uniwjer	Uni(versität)
фак fak	Fakultät, kurz für **факультет** fakul*tjet
пара para	Doppelstunde, Uni-Veranstaltung *(Paar)*
препод pripod	Hochschullehrer/-in, kurz (meist abwertend) für **преподаватель** pripadawatil*
училка utschilka	Lehrerin, abwertend für **учительница** utschitil*nitsa
общага apschschaga	Wohnheim, kurz für **общежитие** apschschishytije
коменда kamjenda	Wohnheimleiterin, abwertend für **комендант** kamindant
зубрила zubrila	Büffler/Streber
заучка za-utschka	Streber (Person, die alles auswendig lernt)

двоечник(M)/**двоечница**(W)
dwo-ischnik/dwo-ischnitsa
Sechserkandidat/-in, von **двойка** – „zwei“, der schlechtesten Note im russischen Schulsystem

Lauter abgefahrene Typen

Folgende Wörter bedeuten nichts anderes als „Typ“, „Macker“, „Kerl“ oder „Kumpel“: **пацан**(M) (patsan), **чувак**(M) (tschuwak), **кекс**(M) (kjeks *Keks*), **кент**(M) (kjent), **кореш**(M) (korisch) bzw. in der Mehrzahl **кореша** (karischa) oder **чел** (tschjel). Die weiblichen Formen dieser Wörter (z. B. **чувиха**(W) tschuwi~~eh~~a, **пацанка**(W) patsanka, **кексиха**(W) kjeksi~~eh~~a oder **кентиха**(W) kinti~~eh~~a) werden seltener gebraucht und sind nicht mehr neutral-cool, sondern etwas verrucht.

Чел *ist die Kurzform von* **человек** tschilawjek *Mensch.*

Dann gibt es die Vertreter jugendlicher Subkulturen wie z. B. die Hippies (**хиппи** chipi, **хипарь** chipar* oder **хипан** chipan), die eine lange Matte (**патлы** patly) auf dem Kopf haben. Eine ähnliche Haarfrisur haben auch Rocker (**рокер** rokir) und Metal-Fans (**металлист** mitalist oder **металлёр** mitaljor). Nicht immer haben Punks (**панк** pank, **панкер** pankir oder **пункер** punkir) einen Irokesen-Haarschnitt (**ирокез** irakjes). Rapper heißen **рэпер** (räpir).

Ist man Fan einer bestimmten Musikgruppe, so ist man ein **фанат** (fanat *Fanatiker*), **фан** (fan *Fan*), **фэнтон** (fänton) oder auch **торчок** (tartschjok *Absteher/Abfeierer*).

Partys, Diskos & Musik

Beliebte Treffpunkte für russische Jugendliche sind Parks oder die Bänke vor den Hauseingängen (im Winter die Hauseingänge selbst).

Wo können russische Jugendliche abhängen (**повисать** pawisat* oder **отвисать** atwisat*), sich mit ihrer Clique treffen (**тусоваться** tusawatsa, von **тусовка** tusofka *Clique*) und die Zeit cool rumbringen (**торчать** tartschat* *abstehen*)? In fast jedem Dorf gibt es eine Disko (**дискотека** diskatjeka), und in den Großstädten entstehen immer mehr Klubs (**клуб** klub), in denen es auch Livemusik (**живая музыка** shywaja muzyka) gibt. Weil das oftmals sehr teuer ist, veranstaltet man häufig Partys (**вечеринка** witschirinka oder modern auch **пати** pati) zu Hause.

Was typische russische Diskos von typisch deutschen unterscheidet: Dort werden die Musikblocks von Spielen oder Showdarstellungen zur Animation des Publikums unterbrochen.

Wenn gefeiert wird, dann will man das auch richtig machen – auf Russisch sagt man „sich erholen“ (**отдохнуть** atdachnut*) oder „entspannen“ (**расслабиться** rasslabitsa). Man will den Alltag loswerden und irgendwohin abheben (**оторваться** atarwatsa *sich losreißen*), einen drauf machen und wild rumfeiern (**колбаситься** kalbasitsa *sich wursten* oder **беситься** bisitsa *herumwüten*). Wenn die Musik gut ist, kann man dazu auch gut abrocken und den Körper auf der Tanzfläche (**танцпол** tantspol) durchschütteln (**оттягиваться** attjagiwatsa *sich ausstrecken* oder **размяться** razmjatsa *sich auseinanderfalten*). Damit die Leute in den Diskos zueinander finden, gibt es in regelmäßigen Abständen schön langsame Schmuselieder (**медленный танец** mjedlinnyj tanits *langsamer Tanz*). Über eine gute Party mit allem was dazu gehört sagt man:

Танцы, шманцы, обниманцы ...
tantsy, schmantsy, abnimantsy
Tänze, Schmänze, und Umarmiränze ...

Was für Musik (**музыка** muzyka oder cool: **музон** muzon *Mucke*) wird in Russland so gespielt? Dieselbe wie auch in der übrigen Welt: Rap (**рэп** räp oder **рэпак** räpak), Hip Hop (**хип хоп** chip~chop), Hard Rock (**хард рок** chard~rok) oder Reggae (**регтей** rjegi). Vielen Bands gelingt es nicht, richtig bekannt zu werden (**раскрутиться** raskrutitsa *sich aufwickeln*). Sie werden nur von einem begrenzten Publikum gehört, es bleibt Underground-Musik (**андаграундная музыка** andagraundnaja muzyka). Wenn eine Band nicht einmal die Möglichkeit hat, als Vorband (**для разогрева** dlja razagrjewa *zum Anheizen*) in einem Klub aufzutreten, veranstaltet sie vielleicht ein Konzert in einer Wohnung (**квартирник** kwartirnik *Wohnungs-Gig*).

Die beherrschende Musikrichtung im Radio und in den meisten Diskos ist Pop(musik) **попса** (papsa); dieses Wort wird oft abwertend gebraucht. Eine weitere Stilrichtung, die immer populärer wird, ist **русский шансон** (ruskij schanson *russischer Chanson*).

Bei **русский шансон** *handelt es sich um eine neue, etwas feinere Bezeichnung für verpoppte „Verbrecherlieder" (siehe Kapitel „Verbrecherslang").*

Spielt eine Band Playback statt live (**живьём** shyw*jom), nennt man das abwertend **играть под фанеру** (igrat* pad~fanjeru *zum Furnier spielen*) – Wortspielerei auf **под фонограмму** (pad~fanagrammu *zu einer Schallplattenaufnahme*).

Musiker, die von Klub zu Klub oder von Restaurant zu Restaurant ziehen, werden abwertend als **лабух** (labuch) bezeichnet, was man vielleicht mit „Klimperheini" übersetzen könnte. Auf einem Instrument „rumschrammeln" heißt entsprechend **лабать** (labat*) oder auch **бацать** (batsat* *„Batz" machen*). Eine häufige Bitte an Leute, die ein Instrument spielen können, ist:

Ну, давай, сбацай что-нибудь!
nu, dawaj, zbatsaj schto-nibut*
Na los, klimper mal was!

Alkohol und die Folgen

Tatsächlich wird in Russland viel getrunken. Um nicht in schlimme Situationen zu kommen, sollte man sich klarmachen, wie und was man trinkt. Beim Genuss von Selbstgebranntem (**самогон** samagon oder **самогонка** samagonka) ist Vorsicht angebracht. Man sollte nicht nur Wodka trinken, sondern auch etwas zum „Nachtrinken" haben (**запивать** zapiwat* *nachtrinken* oder **запивон** zapiwon *Nachgetränk*) – am besten Wasser oder Saft. Wenn man hingegen nach dem folgenden Trinkerspruch handelt, sind Kopfschmerzen vorprogrammiert:

Wodka heißt übrigens genau übersetzt „Wässerchen".

Пиво без водки – деньги на ветер!
piwa bjez wotki – djen*gi na wjetir
Bier ohne Wodka ist rausgeschmissenes Geld!

Neben dem „Nachtrinken" ist es wichtig, auch noch etwas „nachzuessen" (**закусить** zakusit* *nachessen* oder **закуска** zakuska *Nachimbiss*). Dazu gehören traditionell saure Gurken, Brot, roher Speck, Zwiebeln ... Eben einen Snack bzw. ein „Fresserchen" (**хавчик** chaftschik, **жратва** shratwa oder **жрачка** shratschka *Fressen*). Zu den Trinkritualen gehört dazu, dass man möglichst individuelle, witzige oder nachdenkliche Trinksprüche ausbringt (**тост** tost *Toast*). Der kürzeste ist „Auf die Gesundheit" (**за здоровье** za zdarow*je). Fallen einem keine Trinksprüche mehr ein, sagt man vor der nächsten Runde einfach:

Поехали!
pajechali
Fahren wir los!
Los, weiter geht's!

Wodka trinken geht am besten zu dritt. Wer noch zwei Mittrinker sucht, legt drei gespreizte Finger an die Jacke. Das ganze nennt man **сообразить на троих** (sa-abrazit* na tra-ich *sich-klar-werden zu dritt*).

Natürlich werden auch noch alle möglichen anderen Alkoholika getrunken, allen voran Bierchen (**пивко** pifko) und Weinchen (**винцо** wintso). Viele Alkoholiker trinken aus Kostengründen keinen Wodka, sondern einen billigen, starken Schädelspalter-Wein (**чернило** tschirnila *Tinte*). Die Alkis selbst nennt man **пьяница** (p*janitsa *Trinker*) , **алкоголик** (alkagolik

Eine verbreitete Geste, wenn es im Gespräch um das Thema „Saufen" geht, ist mit dem Zeigefinger an den Hals zu schnipsen. Je nach Situation kann das bedeuten „Lass uns was trinken gehen!" oder „Der war besoffen." oder „Was haben wir gesoffen." o.ä.

Alkoholiker), **алкаш** (alkasch *Alki*), **бухло** (buchlo *Säufer*), **бухарик** (bucharik *Säufer*), **пьянюга** (p*injuga *Säufer*) oder **синюга** (sinjuga *Blauer*).

Will man nicht zu Hause oder auf der Straße trinken, geht man in eher billige Kneipen (**кабак** kabak *Kneipe*, **забегаловка** zabigalofka *da, wo man reinrennt, um mal schnell einen zu heben* oder **пивнушка** piwnuschka *Bierhüttchen*) oder in eine Cafeteria (**кафетерий** kafitjerij). Die etwas besseren Etablissments – gute Kneipen (**бар** bar), Cafés (**кафе** kafje oder **кафешка** kafjeschka) oder gar teure Restaurants sind für einfache Leute meist zu teuer.

Eine kleine Liste von Wörtern, die allesamt „saufen", „sich zulöten", „sich volllaufen lassen", „sich abschießen" etc. bedeuten:

пьянствовать	p*janstwawat*	*sich betrinken*
бухать	buchat*	*krachen*
газовать	gazawat*	*gasen*
нажраться	nashratsa	*sich vollfressen*
наклюкаться	nakljukatsa	*sich vollgluckern*
назюзюкаться	nazjuzjukatsa	*sich zuseiern*
наесться	najestsa	*sich satt essen*
натрескаться	natrjeskatsa	*sich vollkrachen*
вмазать	wmazat*	*einschmieren*

Kommt man erst später zu einer Saufrunde (**пьянка** p*janka) dazu, passen die Kumpels meist auf, dass man sie auch ja einholt (**догнать** dagnat*) und gießen einem eine extra Strafportion ein (**штрафная** schtrafnaja). Man ist betrunken, beschwipst, besoffen etc.:

пьяный	p*janyj	betrunken
под градусом	pad~gradusam	*(unter dem Grad)*
под мухой	pad~muchaj	beschwipst *(unter der Fliege)*
синий	sinij	blau
бухой	buchoj	besoffen
в доску пьян	w dosku p*jan	stockbesoffen (*in das Brett betrunken*)
отключка	atkljutschka	Filmriss
похмелье	pachmjel*je	Kater
бодун	badun	Kater
опохмелиться	apachmilitsa	Kater vertreiben

Es nennt sich „unter dem Grad", da man auf Russisch über die Alkoholprozente nicht als Prozente, sondern als „Grad" spricht.

Am besten vertreibt man einen Kater mit **рассол** (rassol), dem Wasser, in dem die Gurken eingelegt waren, die man gestern gegessen hat ... Zum Kater gehört auch, dass einem der Mund austrocknet (**сушняк давит** suschnjak dawit *der Trockene drückt*). Viele Alkoholiker sehen ihre Rettung nur noch darin, sich hypnotisieren oder beschwören zu lassen (**закодироваться** zakadirawatsa *sich kodieren lassen*).

Rauchen & Drogen

Für viele Jugendliche ist die Qualmerei schick – und so sind russische Diskos so zugequalmt, dass es in den Augen brennt (**накурено до рези** nakurina da~rjezi *verraucht bis zum Schneiden*), am Ende der Party ist der Boden übersät mit Kippen (**бычок** bytschjok *Stierlein*). Lässt sich das Gequalme doch auch wunderbar dazu nutzen, neue Kontakte zu knüpfen, z. B. beim Zigaretten schnorren (**стрельнуть сигареты** stril*nut* sigarjety *Zigaretten schießen*). Wesentlich häufiger als in Deutschland wird man angehauen:

У тя не будет закурить?
U~tja nje budit zakurit*
Bei dir wird kein Anrauchen sein?
Haste mal 'ne Kippe?

Leute, die sich die bekannten westlichen Marken nicht leisten können, rauchen Selbstgedrehte (**самокрутка** samakrutka) aus billigem, vielleicht selbst angebautem Tabak.

Papierosy (**папиросы** papirosy) sind auch sehr billig, werden aber auch aus Kultgründen geraucht, speziell die Marke Belomorkanal (**Беломорканал** bilamorkanal Weißmeerkanal).

Kiffer rauchen gern Belomorkanal, weil sich der Tabak so schön herausklopfen und mit Gras vermischt wieder in die Hülse hineinstopfen lässt.

Illegale Drogen

Gras nennt sich **трава** (trawa) oder **травка** (trafka). Haschisch bzw. Dope nennt man **гашиш** (gaschysch), **план** (plan), **шмаль** (schmal*) oder **анаша** (anascha). Dreht man sich einen Joint, nennt sich das **забивать косяк** (zabiwat* kasjak *einen Türfosten ausstopfen*). Dann kann man kiffen: **дуть** (dut* *blasen*). Hat einer den brennenden Teil des Joints im Mund und die anderen ziehen daran, nennt man das „Dampflok rauchen": **паровоз** (parawos *Dampflok*). Ein nützliches Utensil ist die Wasserpfeife: **бурбулятор** (burbuljatar *Blubber*).

Achtung: In Russland wird der Besitz und Gebrauch sämtlicher illegaler Drogen sehr streng verfolgt und bestraft.

Fängt das Zeug an zu wirken, und man kommt richtig gut drauf, heißt das **балдеть** (baldjet* *hämmern*), **тащиться** (taschschitsa *sich ziehen*), **ловить кайф** (lawit* kajf *einen Rausch fangen*) oder **кайфавать** (kajfawat* *sich berauschen*). Diese Ausdrücke werden auch allgemein im Sinne von „Ich habe 'ne tolle Zeit!" oder „Mir geht's super!" verwendet. Bei folgenden Ausdrücken geht es um die Wirkung von Drogen:

***Ловить кайф** und **кайфавать** leiten sich ab von dem arabisch-türkischen Wort „Keyif" für „Entspannung".*

Меня торкнуло!
minja torknula
Mich hat es gestoßen!
Ich bin stoned!

Его глючит!
jiwo gljutschit
Ihn halluziniert es!
Der ist auf'm Trip!

Её припёрло!
jijo pripjorla
Sie hat es herangeführt!
Die ist jetzt drauf!

Отличные шишки!
atlitschnyje schyschki
Ausgezeichnete Tannenzapfen!
Super Buds (Grasblüten)!

Это лекарство меня не прёт!
äta likarstwa minja nje prjot
Dieses Medikament geht mich nicht!
Dieses Zeug turnt bei mir nicht!

Nicht illegal, aber trotzdem sehr heftig ist ein Gebräu, das **чифир** *(tschifir) genannt wird. Das ist ein superstarker Teeaufguss (ca. 50 g Tee auf ein Glas Wasser), der einen lange wach hält. Ergo kann man lange feiern, arbeiten oder einfach nur rumflippen ...*

Она ловит глюки!
ana lowit gljuki
Sie fängt Hallus.

Она смотрит мультики!
ana smotrit mul*tiki
Sie sieht Trickfilme.

Beides: Die fährt Filme!

Folgendes kommt nicht nur bei Drogengebrauch vor, sondern auch wenn man einfach nur dringend etwas futtern muss:

Меня на хавчик пробило!
minja na ~~ch~~aftschik prabila
Mich hat es auf das Fresserchen geschlagen.
Ich hab 'nen Fressflash!

Den Drogensüchtigen nennt man **наркоман** (narkaman) oder kurz **нарк** (nark). Einen vollkommen fertigen Typen bezeichnet man als **обдолбанный** (abdolbannyj *Ausgehöhlter*) oder **конченный** (kontschinnyj *Beendeter*).

Den Stoff, das Zeug bzw. Drogen aller Art nennt man **наркотик** (narkotik *Droge*), **нарка** (narka), **наркота** (narkata), **дрянь** (drjan* *Mistzeug*), **дурь** (dur* *Blödmachzeug*), **товар** (tawar *Ware*) oder **лекарство** (likarstwa *Medikament*). Konkret kennt man die üblichen illegalen Drogen wie LSD (**кислота** kislata *Säure*), Tabletten wie Ecstasy oder Speed (**колёсики** kaljosiki *Räderchen*), Koks (**насморк** nasmark *Schnupfen*),

Ephedrin oder Morphium (**джеф** dshäf) sowie Heroin (**шняга** schnjaga *Schwanz*). Für Letzeres spricht man von „fixen“ (**ширяться** schyrjatsa *sich verbreitern*) oder „an der Nadel hangen“ (**сидеть на героине** sidjet* na gira-inje *auf Heroin sitzen* bzw. **сидеть на игле** sidjet* na iglje *auf der Nadel sitzen*).

Bekommt man den Stoff nicht rechtzeitig oder hört auf, leidet man an Cold Turkey bzw. Entzugserscheinungen: **ломка** (lomka *Gliederreißen*), **ломота** (lamata *Gliederreißen*), **тоска** (taska *Sehnsucht*) oder **тряска** (trjaska *Zerreißen*).

Она завязала с наркотиками.
ana zawizala s narkotikami
Sie (hat) festgebunden mit Drogen.
Sie ist runter von den Drogen.

Он бросил курить / пить / дуть траву.
on brosil kurit* / pit* / dut* trawu.
Er hat das Rauchen / Trinken / Kiffen weggeworfen.
Er hat mit dem Rauchen/Trinken/Kiffen aufgehört.

Das Klo

Für so manchen Touristen sind die öffentlichen Toiletten in Russland ein Problem. Sie bestehen meistens aus einem Loch, wo man sich drüberhockt und dann sein Geschäft verrichtet. Das ist ja eigentlich auch viel hygienischer, aber eben gewöhnungsbedürftig – besonders wenn man keine gut entwickelte Beinmuskulatur hat.

Öffentliche Klos erkennt man an der Aufschrift **туалет** (tualjet *Toilette*) oder an den Buchstaben **М** (für **мужской туалет** muschskoj tualjet *Männertoilette*) und **Ж** (für **женский туалет** shänskij tualjet *Frauentoilette*). Aus diesen Buchstaben wurde die Verballhornung **эмжо** (ämsho) abgeleitet, vielleicht übersetzbar mit „Null-Null". Weitere Begriffe sind:

Параша *kommt aus der Gefängnissprache und bezeichnet ursprünglich den Kackeimer in der Zelle.*

сортир	sartir	Lokus (von frz. „sortir": *herausgehen*)
нужник	nushnik	Örtchen (von **нужно** *müssen*)
очко	atschko	Loch
параша	parascha	Kackhaus
моча	matscha	Urin
мочиться	matschitsa	urinieren
писать	pisat*	pinkeln/pullern
писуны	pisuny	Pipi/Pisse
сикать	sikat*	schiffen
ссать	ssat*	pissen
сцать	stsat*	pissen

Мне срочно нужно отлить!
mnje srotschna nushna atlit*
Ich muss mal ganz dringend abgießen!

Мне нужно по-большому/по-маленькому!
mnje nushna pa-bal*schomu/pa-malin*kamu
Ich muss mal groß/klein!

испражняться	isprashnjatsa	Stuhlgang haben
какать	kakat*	kacken
срать	srat*	scheißen
обосраться	abasratsa	sich vollscheißen
кака	kaka	Kacke
дерьмо	dir*mo	Kacke
говно	gawno	Scheiße

Man kennt auch den „flotten Otto“ (**медвежья болезнь** midwjeshja baljezn* *die Bärenkrankheit*) oder **дристать** (dristat* *Dünnschiss haben*).

пукать	pukat*	pupsen
пуки	puki	Pupse
пердеть	pirdjet*	furzen
пердуны	pirduny	Furze
выпердыш	wypirdysch	Furz
бздеть	bzdjet*	leise furzen
бздины	bzdiny	leise Furze

Его пронесло/просвистало!
jiwo pranislo/praswistala
Ihn (hat's) durchgezogen/durchgepfiffen!
Er hat Dünnpfiff!

Ein **пердун** pirdun *ist eine „furzende Person“.*

Фу, как здесь шмонит!
fu, kak zdjes* schmanit
Pfui Teufel, wie es hier muffelt!

Statt „Pfui!“ für den Ekel gibt es **Тфу!** *(tfu),* **Фу!** *(fu) oder* **Фе!** *(fje).*

Боже, какой здесь шмон стоит!
boshä, kakoj zdjes* schmon sta-it
Oh Gott, was hier für ein Muff steht!
Mein Gott, was ist hier für ein Mordsgestank!

Neureiche, Penner & andere Typen

Bevor es so richtig beleidigend wird, wollen wir uns erst einmal anschauen, was es alles für komische Typen gibt.

Spezielle Typen

Совок bedeutet aber auch „Kehrblech".

Leute, die nostalgisch den sowjetischen Zeiten hinterherhängen und auch sonst in ihrem ganzen Denken und Handeln in der sowjetischen Zeit stecken geblieben sind, nennt man verächtlich **совок** (sawok; abgeleitet von **советский человек** sawjetskij tschilawjek *Sowjetmensch*).

Круто (kruta) kann aber auch „cool" bedeuten.

Die „neuen Russen" (**новые русские** nowyje ruskije) gibt es erst seit Anfang der 1990er Jahre. In den chaotischen Zeiten damals sind diese Leute durch dunkle, mafiöse Geschäfte in kürzester Zeit zu teilweise sehr viel Geld gekommen. Deshalb werden sie manchmal **нувориш** (nuwarisch; von Französisch „nouveau riche" *Neureiche*) genannt. Ein weiterer Ausdruck für diese Typen ist **крутые** (krutyje *Steile*). Aus unzähligen, natürlich sehr klischeehaften Witzen erfahren wir, dass der typische „neue Russe" rumprotzt, wo er nur kann, ein dickes Auto mit verdunkelten Scheiben fährt, und nicht gerade mit Intelligenz gesegnet ist. Eine typische Geste der Neuen soll sein, dass sie die Finger gespreizt halten, damit man die teuren Ringe besser sieht (**пальчики веером** pal*tschiki wjejiram *die Fingerchen in Fächerform*).

Leute mit oftmals kurzgeschorenen Haaren, die in den öden Wohnvierteln, den sogenannten „Schlafbezirken" auf der Straße rumlungern, immer auf der Lauer nach einer Schlägerei, heißen **гопники** (gopniki) oder **гопата** (gapata). Andere Bezeichnungen für gewalttätige, abhängende Jugendliche sind **отморозок** (atmarozak *Abgefrorener*) oder **отмороженный** (atmaroshännyj *Abgefrorener*) und **подонок** (padonak *Abschaum*). Der Chef einer Jugendbande in einem solchen Viertel ist der **громило района** (gramila rajona *Donnermacher des Bezirks*). Einer der sich irgendwo eingeschlichen hat, der irgendwo nicht reinpasst bzw. ein falscher Fuffziger ist, wird **левый** (ljewyj *Linker*) genannt.

Angeblich ist **гоп** *die Abkürzung für* **городское общество паразитов** garatskoje obschschistwa parazitaf *„städtischer Parasitenverein".*

Nichtskönner und Penner

Für diese Typisierung bieten sich folgende Beschimpfungen an: **неумеха** (ni-umjeeha *Nichtskönner*), **тормоз** (tormas *Bremse;* im Sinne von „Schlafmütze/Penner"), **лох** (loch *Penner/Nichtchecker/Idiot*), **чмо** (tschmo Blödmann/Arschloch/Penner). Ein anderes Wort für Blödmann oder Asi ist **жлоб** (shlob). Meint man vor allem Asi, Arschloch oder Penner, kann man **бич** (bitsch) sagen. Einen begriffsstutzigen Heini oder Blitzmerker bezeichnet man als **бестолочь** (bjestalatsch). Einer, der es nicht geregelt kriegt, ist ein **лопух** (lapuch *Klette*) und einer, der nichts auf die Reihe kriegt, ist ein **некудышный** (nikudyschnyj *Nir-*

Бич *soll aus dem englischen Seemannsjargon kommen: „to beach" – „an Land sein", „nichts zu tun haben". Scherzhaft wird aber auch oft erklärt, das Wort wäre die Abkürzung für* **бывший интеллигентный человек** *– „ehemals intelligenter Mensch".*

gendwohin-Mensch). Deftigter wird es mit Beschimpfungen wie **пиздабол** • (pizdabol *Fotzenpendler*), was man vielleicht mit „fuckiger Blödarsch" übersetzen könnte, oder aber mit **распиздяй** • (raspizdjaj *Rumfotzer*), das man am ehesten mit „verfickter Nichtskönner" übersetzt.

Gemeine Typen

Beschimpfungen, die nur für Männer gebraucht werden, sind mit (M) gekennzeichnet; die für Frauen mit (W).

Mancher Typ ist einfach hundsgemein und niederträchtig. Man beschimpft so einen als „niederträchtiges Schwein" (**паскуда** paskuda oder **паскудняк** paskudnjak). Ein fieses, gemeines Weib ist hingegen **стерва**(W) (stjerwa) oder **стервозная**(W) (stirwoznaja). Man kennt natürlich auch die „gemeine Sau" (**падла** padla) oder das „Aas" (**падаль** padal').

Allerlei andere Typen

кадр	kadr	schräger Vogel (*Kader*)
бугай	bugaj	Muskelpaket
децел	djetsäl	Winzling
сволочь	swolatsch	Lump
урод	urod	Missgeburt
ублюдок	ubljudak	Bastard
зануда	zanuda	unausstehlicher Langweiler
мымра(W)	mymra	langweilige, ordinäre Ziege
зараза	zaraza	Pestbeule (*ansteckende Krankheit*)

паршивец(M)	parschywjets	räudige Type
паршивка(W)	parschyfka	räudige Type
засранец(M)	zasranits	Scheißer
гнус(M)	gnus	fiese Type
говнюк(M)	gawnjuk	Scheißer
шлюха(W)	schljucha	Nutte (*Herumtreiberin*)
шлюшка(W)	schljuschka	Nutte (*Herumtreiberin*)

Idioten

болбес	balbjes	Blödmann
болван	balwan	Dummkopf (*Hackklotz*)
болда	balda	Tölpel (*großer Hammer*)
дурачок(M)	duratschjok	Dummerchen
дурочка(W)	duratschka	Dummerchen
дурак(M)	durak	Idiot
дура(W)	dura	Idiotin
придурок	pridurak	gemeiner Blödmann
идиот	idi-ot	Idiot
дебил	dibil	debiler Typ

Hund, Schwein & Co.

Dem Tierreich entnommen sind die folgenden, allesamt sehr heftigen Beschimpfungen:

скотина	skatina	Vieh
обезьяна	abiz*jana	Affe
свинья	swin*ja	Schwein

собака	sabaka	Hund
сука/суча	suka/sutscha	Hündin
сукин сын	sukin syn	Hundesohn (*Sohn einer Hündin*)
козёл	kazjol	Esel (*Ziegenbock*)

Ethnische Gruppen

Die Leiden, die die Menschen in der Sowjetunion während des Zweiten Weltkrieges durch die Deutschen erfahren haben, sind nicht vergessen, und damit auch nicht das zu Kriegszeiten entstandene Schimpfwort für Deutsche: „Fritz“ (**Фриц** frits).

Gott sei Dank wird **Фриц** *immer häufiger einfach scherzhaft verwendet.*

Die heute immer unbeliebter werdenden US-Amerikaner nennt man **америкосы** (amirikosy *Amis*). Die Polen werden wegen ihrer zischenden Sprache oftmals **пшеки** (pschäki *„psch“-Typen*) genannt. Ein **лабас** (labas) ist ein Litauer, denn auf Litauisch beginnen viele Begrüßungen mit „Labas ...“.

Jahrhunderte alt ist die Abneigung national eingestellter Ukrainer und Weißrussen gegenüber den Russen, und so haben sie für diese das Wort **москали** (maskali *aus Moskau Stammende*). Die Russen wiederum nennen einen Ukrainer abwertend **хохол** (chachol). Ebenfalls zumeist abwertend gebraucht wird **бульбаши** (bul'baschy *Kartoffelfresser*) für die Weißrussen.

Москали *nannte man einst die unbeliebten Militärwerber, die in den Randgebieten des Imperiums Rekruten für die Armee regelrecht entführten.*

Rassismus und Antisemitismus waren zu sowjetischen Zeiten immer latent vorhanden, seit den 1990er Jahren nehmen sie in Russland jedoch immer erschreckendere Ausmaße an. Heute eindeutig antisemitisch ist die Bezeichnung **жид** (shyt) für „Jude“. Das neutrale Wort für Jude ist hingegen **еврей** (jiwrjej).

Die Menschen aus den ehemaligen asiatischen Sowjetrepubliken und dem Kaukasus bezeichnet man verächtlich als **какие-то нерусские** (kakije-ta nirusskije *irgendwelche Nichtrussen*). Wegen ihrer dunkleren Hautfarbe werden sie auch **чёрные** (tschjornyje *Schwarze*) und wegen ihrer asiatischen Gesichtszüge Schlitzaugen (**чурки** tschurki *Blinzler*) genannt. Andere Bezeichnungen sind **мамлюк** (mamljuk *Sklaven-Kriegerkaste im islamischen Ägypten, in der auch Kaukasier waren*), **урюк** (urjuk *getrocknete Aprikose*), **хачик** (~~ch~~atschik *verbreiteter armenischer Vorname*) und **бабай** (babaj *abgeleitet aus dem Tatarischen: „Großvater“*).

Хохол (*~~ch~~a~~ch~~ol, Mehrzahl:* **хохлы** *~~ch~~a~~ch~~ly) war einst die Bezeichnung des für die ukrainischen Kosaken typischen Zöpfchens auf dem ansonsten kahl geschorenen Kopf.*

Die „Mutterflüche“

Man kann russische Schimpfwörter nicht richtig verstehen, ohne sich mit einer ganz besonders pikanten Sorte von Schimpfwörtern, den sogenannten „Mutterflüchen“ bzw. „Mat“-Ausdrücken (**мат** mat), etwas näher beschäftigt zu haben. Einerseits sind diese Ausdrücke sehr stark tabuisiert, weshalb sie in die **нецензурная, ненормативная лексика** (nitsänzurnaja, njenarmatiwnaja ljeksika) fallen, die von der Zensur nicht zugelassene, nicht normge-

Dieses Kapitel soll nur dazu dienen, das Hörverstehen zu verbessern. Auf keinen Fall sollte man die mit • oder •• gekennzeichneten Wörter und Wendungen jemals selbst aussprechen!!!

rechte Lexik. Andererseits kennen und verstehen alle diese Ausdrücke.

In den letzten Jahren haben sich „Mat“-Ausdrücke immer weiter verbreitet. Die Texte einiger beliebter Rockbands (wie z. B. Leningrad) sind mit einer gehörigen Portion davon gewürzt. „Mat“-Ausdrücke zu verwenden, ist bei vielen Jugendlichen angesagt. Sie bezeichnen die Ausdrücke auch etwas cooler als **матюги** (matjugi). „Mat“-Ausdrücke zu gebrauchen, nennt sich **материться** (matirits*ja), **матюкаться** (matjukats*ja) oder **матюгаться** (matjugats*ja). Mit „Mat“-Ausdrücken schimpfen nennt man **ругаться матом** (rugatsa matam *mit „Mat“-Wörtern schimpfen*) oder **обложить матюгами** (ablashyt* matjugami *mit „Mat“-Wörtern belegen*).

In der Literatur werden „Mat“-Ausdrücke schon lange verwendet, aber erst jetzt wird solche Literatur auch offiziell veröffentlicht. Die immer stärkere Verbreitung dieser Ausdrücke ruft natürlich die Hüter der Moral auf den Plan: Ein Gebietsgouverneur wollte die Mutterflüche schlichtweg verbieten, und im Fernsehen werden Spots gezeigt, die zur Reinhaltung der Sprache aufrufen.

Ich fand in einem Internetcafé den Hinweis: „Bei Benutzung von nicht von der Zensur zugelassenen Ausdrücken und nicht normgerechter Lexik werden als Strafe zehn Minuten der Computernutzungszeit abgezogen.“

Als Faustregel gilt, dass Männer „Mat“-Ausdrücke häufiger verwenden als Frauen (vor allem, wenn sie unter sich sind). Außerdem gilt auch, dass weniger gebildete Menschen diese Ausdrücke deutlich mehr benutzen als höher Gebildete. Andererseits ist von vielen hochgebildeten Menschen, wie z. B. Puschkin oder Solshenyzin, bekannt, dass sie sich nicht nur im Alltag dieser obszönen Wörter bedienten, sondern auch in literarischen, meist nicht veröffentlichten Werken. Bisweilen kommen auch Professorinnen in Situationen, in denen sie sich nur noch mit Hilfe eines „Mutterfluches“ Luft machen können.

Nicht hundertprozentig geklärt ist die Herkunft der Wörter. Weit verbreitet ist die Annahme, dass diese Ausdrücke aus dem Tatarischen stammen. Dagegen sprechen neuere sprachwissenschaftliche Forschungen und der Umstand, dass es diese oder ähnliche Ausdrücke auch in den meisten anderen slawischen Sprachen gibt.

Einige Forscher führen den Ursprung der „Mat“-Ausdrücke auf uralte, heidnische Männlichkeitsrituale zurück.

Die meisten „Mat“-Ausdrücke werden aus den folgenden vier Grundwörtern gebildet, die nachfolgend einzeln erläutert werden:

ебать	jibat*	ficken
блядь	bljat*	Nutte
хуй	ehuj	Schwanz
пизда	pizda	Fotze

„Ficken“

Ёб твою мать!
jop~twaju mat*
Fick deine Mutter!

Von diesem wohl „populärsten“ Ausdruck kommt wahrscheinlich auch der Begriff „Mat“-Ausdrücke (Mutterfluch).

Etwas entschärft wird der Ausdruck, wenn man ihn verkürzt, aber auch dann ist er immer noch sehr beleidigend. Das „Fick deine ...!“ wird einfach „nur“ mitgedacht:

Твою мать!	**Мать!**
twaju mat*	mat*
Deine Mutter!	Mutter!

Die weiteren Variationen haben allesamt mit der eigentlichen Bedeutung „ficken“ überhaupt nichts mehr zu tun. **Заебись!** (zajibis* *Fick dich!*) bedeutet einfach nur „Geil!“. Dann gibt es noch den folgenden Satz:

Заебало меня всё!
zajibala minja fsjo
Es fickte mich alles!
Das kotzt mich alles an!

Auch hier gibt es wieder eine Möglichkeit, das Ganze etwas weniger grob zu sagen:

Заколебало меня всё!
zakalibala minja fsjo
Es schüttelte mich alles!
Das ödet mich alles an!

Noch eine weitere Variante: Das Wort **выёбываться** (wyjobywatsa *sich herausficken*) bedeutet „sich über irgendetwas künstlich aufregen“ bzw. „Schwierigkeiten machen“. Angewendet wird das dann z. B. so:

Не выёбывайся!
ni wyjobywajsja
Jetzt bleib mal cool, Alter.
Mach keinen Stress!

„Nutte“

Das „Mat“-Wort, das man wohl am häufigsten hört, ist **блядь** (bljat* *Nutte*) oder verkürzt **бля** (blja). Es wird aber kaum noch mit der ursprünglichen Bedeutung verwendet, sondern eher wie der deutsche Ausruf „Scheiße!“ Bei manchen Leuten hat man den Eindruck, dass sie das Wort immer dann sagen, wenn sie eine Denkpause einlegen.

Dieser Fluch lässt sich auf verschiedene Art und Weise entschärfen, wobei folgendes, ersteres Beispiel noch relativ grob ist. Das zweite Beispiel ist hingegen schon völlig entschärft:

Бляха-муха!
bljaeha-mucha
Gürtelschnalle-Fliege
Scheibenkleister!

Блин!
blin
Eierkuchen
Scheibenhonig!

„Schwanz“

Am häufigsten hört man das Wörtchen **хуй** (ehuj *Schwanz*) im nachfolgenden sehr groben Fluch (erster Ausdruck). Hat man ein dringendes Interesse daran, den Konflikt so richtig anzustacheln, antwortet man mit der zweiten Variante:

Пошёл на хуй!
paschol na~~~ch~~uj
Geh zum Schwanz!
Verpiss dich!

Укуси за хуй!
ukusi za~~~ch~~uj
Beiß in den Schwanz!

Ein ganz kleines bisschen abgemildert wird es, wenn man **хуй** durch **хер** (chjer *Schwanz*) oder **хрен** (~~ch~~rjen *Meerrettich*) ersetzt. Noch weniger scharf sind folgende Varianten, wobei bei der zweiten die groben Wörter weggelassen werden:

Пошёл на фиг!
paschol na~fik
Geh zur Feige!
Hau ab, Mann!

Пошёл ты!
paschol ty
Geh los!
Hau ab!

Indirekt „Mat“-Ausdrücke verwenden kann man, indem man einfach die Anzahl der verwendeten Buchstaben nennt:

Я его послал на три буквы, и всё!
ja jiwo paslal na tri bukwy, i fsjo
Ich schickte ihn zu drei Buchstaben, und alles!
Ich hab ihm einfach mal gesagt,
wo der Hammer hängt, und fertig!

Das Nennen der Buchstabenzahl statt des eigentlichen „Mat“-Ausdruckes ist ähnlich wie im Englischen, wo man von „four-letter-words“ spricht.

Das Wörtchen **хуй** • ist nicht nur zum Schimpfen da, wobei die zweite Variante wieder durch Austausch des eigentlichen Wortes abgemildert wurde:

Мне всё по хуй! •
mnje fsjo po~chuj
Mir alles vor Schwanz!
Mir ist alles scheißegal!

Мне всё по фиг!
mnje fsjo po~fik
Mir alles vor Feige!
... piepsegal!

Ein paar der gebräuchlichsten Wendungen, in denen das Wort „Schwanz“ vorkommt, oder die davon abgeleitet sind:

хуйня •	chujnja	Blödsinn / Schwachsinn
херня	chirnja	Blödsinn / Schwachsinn
хуёвый •	chujowyj	kackenschlecht
хреновый	chrinowyj	kackenschlecht
охуеть	achuet*	verrückt werden bzw. frech werden

Такие цены закатили ... просто охуели! •
takije tsäny zakatili ... prosta achueli!
Die haben die Preise so sehr in die Höhe getrieben ... die sind einfach schweinefrech geworden!

Für die Frage „Warum?“ oder „Wozu?“ hat man im Sinne von „Warum zum Kuckuck?!“ oder „Warum zum Henker?! etc. im Russischen folgende Möglichkeiten: **на хуя** (na ~~ch~~uja *auf den Schwanz*), **на фига** (na figa *auf die Feige*), **на фиг** (na~fik *auf die Feige*), **какого хуя** (kakowa ~~ch~~uja *welchen Schwanzes*), **какого хера** (kakowa chjera *welchen Pimmels*) oder **какого чёрта** (kakowa tschjorta *welchen Teufels*). Will man sagen, dass es von irgendetwas einfach „nicht die verfickte Bohne“ gibt, sagt man **ни хуя** (ni chuja *keinen Schwanz*), **ни хрена** (ni chrina *keinen Meerrettich*) oder **ни фига** (ni figa *keine Feige*). Für ein „super viel“ sagt man **до хуя** (da ~~ch~~uja *bis zum Schwanz*), **до хрена** (da ~~ch~~rina *bis zum Meerrettich*) oder **до фига** (da figa *bis zur Feige*). Das folgende Wortspiel mit diesen Varianten ist schon zur Legende geworden:

Полюбила парня я,
Оказался без хуя
Так на хуя мне без хуя,
Когда с хуем до хуя?!

Das liest sich übersetzt dann so: „Ich habe mich in einen Jungen verliebt. Wie sich herausstellte, hat er keinen Schwanz. Ja, „warum“ (*auf den Schwanz*) brauch ich einen ohne Schwanz, wo es doch „ohne Ende“ (*bis zum Schwanz*) welche mit Schwanz gibt?“

Es gibt auch schöne Kommentare mit **не фиг** (nje~fik *nicht Feige*), was so viel bedeutet wie „nicht“ oder „nicht nötig“:

Не фиг было вчера так долго сидеть в инете!
nje~fik byla ftschira tak dolga sidjet* w inätje
Nicht Feige war gestern so lange sitzen im Internet!
Ja verdammt, du hättest gestern nicht so lange im Internet surfen sollen!

„Fotze“

Von **пизда** (pizda *Fotze*) abgeleitet hört man sehr häufig den Ausruf **Пиздец!** (pizdjets *Fotzerei*). Je nach Kontext kann dieser Ausdruck „Scheiße!“, „Verflucht“, „Das ist das Ende!“, „Das ist die allerletzte Oberkacke!“ oder auch „Super!“, „Cool!“, „Abgefahren!“ etc. bedeuten.

Это просто пиздец!
äta prosta pizdjets
Das ist einfach eine riesengroße Scheiße!

Во, какие штаны – пиздец!
wo, kakije schtany – pizdjets
Wow, was für eine Hose! Scheiße, ist die cool!

Нам пришёл пиздец!
nam prischol pizdjets
Uns kam (die) Fotzerei!
Wir sind völlig am Ende!

пиздатый	pizdatyj	super
пиздеть	pizdjet*	schwatzen, labern
спиздить	spizdit*	klauen
спиздануть	spizdanut*	klauen

„Fünfstöckige“ Mutterflüche

„Mat“-Ausdrücke können eine unheimliche emotionale Sprengkraft haben. Nicht-Muttersprachler sind selten wirklich in der Lage, die Wirkung dieser Schimpfwörter abzuschätzen. Deshalb sollte man auf jeden Fall auf die Nutzung von „Mat“-Ausdrücken verzichten!

Die so genannten drei-, fünf- oder vielstöckigen Mutterflüche (**трёхэтажный/пятиэтажный/многоэтажный мат** trjoehätashnyj/pitiätashnyj/mnagaätashnyj mat) oder auch **мат-перемат** (mat-pjerimat *Mat-über-Mat*) vervielfachen die Wirkung der einzelnen „Mat“-Bestandteile und sind noch stärker als die einzelnen „Mat“-Komponenten allein. Hier nur ein paar kleine Kostproben, deren Übersetzungen jedoch nur sehr ungenau die eigentliche, sehr, sehr krasse Bedeutung wiedergeben:

Ёб вашу через дорогу раком мать!

jop~waschu tschjeris darogu rakam mat*

Ficken Sie Ihre Mutter in den Arsch,
die Straße rauf und runter!

Пошёл на хуй в пизду на переделку,
недоёбыш сраный!

paschol na~ehuj f pizdu na piridjelku, nidajobysch sranyj

Geh doch zum Schwanz und in die Fotze
und lass dich umbauen,
du beschissener Nichtzuendeficker!

Пиздюк, ёбаный по голове!
Что ебальник разинул, мудозвон!

pizdjuk, jobanyj pa galawje!
schto jibal*nik razinul, mudazwon

Du in den Kopf gefickter Fotzenkerl!
Was reißt du dein Maul auf,
du verfickte Labertasche!

Ебёна вошь, пиздорванка хуева!
jibjona wosch, pizdarwanka ~~eh~~ujiwa
Du gefickte Laus, du stinkende Fotzentussi!

Мать твою уёб, через семь ворот с блядским присвистом!
mat* twaju ujob, tschjeris sjem* warot s bljatskim priswistam
Fick doch deine Mutter durch sieben Tore hindurch, und lass dazu die Nutten ein Liedchen pfeifen!

Das Liebesleben

Symbolisch für die prüde, lustfeindliche Atmosphäre in der Sowjetunion ist ein legendär gewordenes Zitat aus einer Fernsehsendung Ende der 1980er Jahre:

У нас, в Советском Союзе, секса нет!
u nas, f sawjetskam sajuzje, säksa njet
Bei uns in der Sowjetunion gibt es keinen Sex!

Dies hat sich gründlich geändert. Täglich gibt es TV-Sendungen, in denen es „darum" (**про это** pra äta) geht. Vorbei sind die Zeiten, als man wegen Tragens einer kurzen Hose im Stadtzentrum von der Miliz einkassiert werden konnte. An jedem Zeitungskiosk kann man jetzt Heftchen mit frivolen Bildchen erstehen – diese Bildchen werden **клубничка** klubnitschka (*Erdbeerchen*) genannt. Auch Pornos (**порно** porna oder **порнуха** parnucha) haben längst in Russland Einzug gehalten. Überall dort, wo Männer mit Geld auftauchen, bieten auch Prostituierte ihre Dienste an.

Vom Flirten zum Abschleppen

заигрывать za-igrywat*	mit jmd. anbändeln
клеить klje-it*	jmd. angraben (*kleben*)
глазки строить glaski stro-it*	jmd. schöne Augen machen (*Äuglein bauen*)
понравиться panrawitsa	an jmd. gefallen finden
втюриться ftjuritsa	sich verknallen
втрескаться ftrjeskatsa	sich verschießen (*sich verkrachen*)
влюбиться по уши wljubitsa po~uschy	sich bis über beide Ohren verlieben
сохнуть по нему/ней sochnut* po~nimu/ sochnut* pa~njej	nach ihm/ihr schmachten (*austrocknen nach ihm/ihr*)
снимать snimat*	jmd. anbaggern (*hochnehmen-unvollendet*)
снять snjat*	jmd. abschleppen (*hochnehmen-vollendet*)
роман raman	Affäre (*Roman*)
отшить atschyt*	jmd. loswerden (*wegnähen*)

Manche Männer wollen mit den Frauen nur ein bisschen „rummatrosen" und lassen sie dann wieder fallen: **поматросить и бросить** (pamatrosit* i brosit*).

Она отбила у неё парня!
ana atbila u nijo parnja
Sie hat bei ihr den Jungen weggeschlagen!
Sie hat ihr den Freund ausgespannt!

Ärgerlich ist, wenn die Ehefrau anfängt, fremd zu gehen (**она загуляла** ana zaguljala *sie hat angefangen, spazieren zu gehen*) oder der Ehemann einen Seitensprung hat (**он пошёл налево** on paschol na ljewa *er ist nach links gegangen*).

Verliebte unter sich

Auf Russisch spricht man von **моя (любимая) девушка** (maja (ljubimaja) djewuschka *mein (liebstes) Mädchen*), wenn man „meine Freundin" meint, bzw. **мой парень** (moj parin* *mein Junge*), wenn man „mein Freund" sagen will. Manchmal hört man auch das englische **бойфренд** (bojfränd *boyfriend*). Wenn beide schon etwas erwachsener sind, hört man vielleicht **мой мужчина** (moj muschschina *mein Mann*) bzw. **моя женщина** (maja shänschschina *meine Frau*). Die Annäherung fängt zaghaft an mit:

Ты мне нравишься!
ty mnje nrawischsja
Du gefällst mir!

Erst wenn die Gefühle für einander ganz stark sind, sagt man:

Я люблю тебя!
ja ljublju tibja
Ich liebe dich!

Die Liebenden sagen einander jede Menge netter Dinge:

дорогая/дорогой daragaja/daragoj	meine Teure/ mein Teurer
любимая/любимый ljubimaja/ljubimyj	Liebste/Liebster
милая/милый milaja/milyj	meine Liebe/ mein Lieber

Die letzten beiden sagt nur er zu ihr:

солнышко	solnyschka	kleine Sonne
радость моя	radast* maja	meine Freude
золотце	zolatsä	Goldstück
зайка моя(W)	zajka maja	mein Häschen
детка моя(W)	djetka maja	mein Kindchen

Findet man eine Frau hübsch, kann man sagen, dass sie schön ist (**она красивая** ana krasiwaja). Aber eher sagt man, dass sie sympathisch ist (**она симпатичная** ana simpatitschnaja). Eine super sexy Frau bezeichnet man als **сексапилка** (säksapilka) oder **сексапильная** (säksapil*naja *eine mit Sex-Appeal*).

Findet man eine Frau nicht so schön (**она некрасивая** ana nikrasiwaja), dann macht man das ganz deutlich und sagt, sie sähe „schrecklich" aus (**она страшная** ana straschnaja *sie ist schrecklich*).

Weitere Kommentare für Frauen sind:

крокодил	krakadil	Eule/Uhu (*Krokodil*)
баба	baba	Weib
бабёнка	babjonka	Weibchen
баба-огонь	baba-agon*	feurige Frau (*Weib-Feuer*)
баба-гром	baba-grom	große, kräftige, energische Frau (*Weib-Donner*)
герла	gjerla	Girl
тёлка	tjolka	Tusse (*Jungkuh*)
кобыла	kabyla	dicke Kuh (*Stute*)
бикса	biksa	Tusse/Schlampe

Für die „Jungfrau“ (**девственница** djefstwinnitsa) gibt es noch die vulgären Ausdrücke **целка** (tsälka *Unberührte*) und **целина** (tsälina *Neuland*).

Wenn man auf Deutsch über Männer als Lover und Macker spricht, sagt man auf Russisch **перец** (pjerits *Pfeffer*), **хахаль** (~~ch~~a~~ch~~al* *Macker*) oder sehr vulgär **ёбарь** 💣 (jobar* *Ficker*). Ein Frauenheld ist ein **бабник** (babnik *Weiberheld*), ein **сердцеед** (sjerdtsäjed *Herzfresser*), ein **ловелас** (lawilas *Schürzenjäger*) oder ein **клей** (kljej *Aufreißer, wörtl. Kleber*).

Körperteile

башка	baschka	Rübe, Birne, Schädel
харя	~~ch~~arja	Visage
рожа	rosha	Fresse
пасть	past*	Fresse
паяло	pajala	Fresse
рыло	ryla	Schnauze

Für die weibliche Brust (**грудь** grut*) gibt es **буфера** (bufira *Stoßdämpfer*), **батоны** (batony *Weißbrote*) oder **титька** (tit*ka), **цицка** (tsytska) und **сиська** (sis*ka), die alle drei „Titte" bedeuten.

Der Hodensack heißt neutral **мошонка** (maschonka *Säckchen*) und die Hoden **яички** (jiitschki *Eierchen*). Etwas gröber ist die Bezeichnung **яйца** (jajtsa *Eier*); manchmal werden so auch die vollständigen Genitalien des Mannes bezeichnet. Ganz vulgär sind die Wörter **мудьё** (mud*jo *Klöten*) oder **мудё** (mudjo *Klöten*).

Allerhand Varianten für den Penis:

пенис	pjenis	Penis
член	tschljen	Glied
конец	kanjets	Ende
палка	palka	(*Stock*)
балда	balda	(*großer Hammer*)
висюльки	wisjul*ki	(*Anhängsel*)
болт	bolt	(*Bolzen*)
банан	banan	(*Banane*)
морковка	markofka	(*Möhrchen*)
хрен	~~ch~~rjen	(*Meerrettich/Kren*)
хер	chjer	Schwanz/Rute
хуй ●	~~ch~~uj	Schwanz/Rute
шняга	schnjaga	Schwanz/Rute

Die Eichel ist **залупа** (zalupa *Schale*). Der kindliche Pillermann ist auf Russisch ein „Hähnlein" (**петушок** pituschok). Auch folgende Wörter für den Penis und die Vagina entstammen der Kindersprache, man könnte sie als „Pisserchen" übersetzen: **писька** (pis*ka), **пиписька** (pipis*ka), **ссака** (ssaka) und **сика** (sika).

Die Vagina heißt medizinisch **вагина** (wagina). Außerdem gibt es noch das Wort Scheide (**влагалище** wlagalischschi). Nichtmedizinisch heißt sie **щель** (schschjel* *Ritze*), **щёлка** (schschjolka *Spalte*), **лохматка** (laehmatka *die Lockige*), **мохнатка** (maehnatka *die Pelzige*), **чёрный треугольник** (tschjornyj triugol*nik *schwarzes Dreieck*), **междуножное пирожное** (mishdunoshnaje piroshnaje *Zwischenbein-Törtchen*). Sehr obszön sind die Wörter **пизда** (pizda *Fotze*), **пёздочка** (pjozdatschka *Fötzchen*), **минжа** (minsha *Möse*), **манда** (manda *Möse*) oder **муфта** (mufta *Muffe*). Über diesen Bereich zu sprechen ist so peinlich, dass viele Frauen – wenn es unbedingt sein muss – das Ganze lieber ihren „Arsch" nennen (**жопа** shopa). Für die Klitoris (**клитор** klitar) gibt es noch das Slang-Wort **сикель** (sikel* kommt vielleicht von **сикать** *pissen*).

Für den Po (**попа** popa) gibt es die Ausdrücke **мягкое место** (mjachkaje mjesta *weicher Fleck*), **ягодицы** (jagaditsy *Beerchen*), **зад** (zat *Hintern*), **задница** (zadnitsa *Hinterteil*) oder **срака** (sraka *das, womit man scheißt*). Das Arschloch heißt **дупло** (duplo *Astloch*).

Sex

Jetzt aber ohne große Umschweife zur Sache. Zunächst beginnt es mit Küssen (**поцелуй** patsäluj) und Umarmungen. Vielleicht entsteht ein Knutschfleck (**засос** zasos). Dann kriegt der Mann einen Ständer (**у него стоит** u niwo sta-it *bei ihm steht er*).

Ausdrücke für den Geschlechtsakt:

заниматься любовью zanimatsa ljubow*ju	Liebe machen (*sich mit Liebe beschäftigen*)
заниматься сексом zanimatsa säksam	Sex haben (*sich mit Sex beschäftigen*)
переспать pirispat*	miteinander schlafen (*überschlafen*)
лечь в постель ljetsch f pastjel*	ins Bett gehen (*sich ins Bett legen*)

Die Wörter „geben“ (**дать** dat*) und „haben“ (**иметь** imjet* bzw. **поиметь** pa-imjet*) können eine anzügliche Nebenbedeutung haben:

Она ему дала.
ana jimu dala
Sie hat es ihm gegeben.

Эту красавицу он ещё не поимел.
ätu krasawitsu on jischschjo ne pa-imjel
Diese Schönheit (hat) er noch nicht gehabt!
Diese Schönheit hat er noch nicht geschafft, ins Bett zu schleifen.

Vulgär sind folgende Ausdrücke:

пихать	piehat*	stoßen
перепихнуться	piripiehnutsa	stoßen
трахаться	traehatsa	bumsen
ебаться 💣	jibatsa	ficken
ёбля 💣	joblja	Fick/Fickerei
трах 💣	traeh	Fick/Fickerei

минет	minjet	Oralsex
раком	rakam	von hinten (*in Krebsstellung*)
оргазм	argazm	Orgasmus
кончить/ кончать	kontschit*/ kantschat*	gekommen sein (*beenden*)
онанист	ananist	Onanist
дрочун	dratschun	Wichser
дрочить	dratschit*	wichsen

Weil **кончить** *bzw.* **кончать** *auch „einen Orgasmus haben" bedeuten kann, ist es besser für „beenden" die Verben* **заканчивать** *(zakantschiwat*)* *oder* **закончить** *(zakontschit*)* *zu verwenden, denn diese haben keine anzügliche Nebenbedeutung.*

Die Tätigkeit des Wichsens wird auch amüsant umschrieben mit **заниматься суходрочкой** (zanimatsa suchadrotschkaj *sich mit Trockenwichsen beschäftigen*) oder **заниматься онанизмом** (zanimatsa ananizmam *sich mit Onanie beschäftigen*).

Wer kein Präservativ (**презерватив** prizirvatif), Präser (**презик** priezik), Gummi (**резинка** rizinka) oder etwas vulgär gesagt ein Kondom (**гандон** gandon) benutzt, läuft Gefahr, sich mit AIDS (**СПИД** spid) oder Geschlechtskrankheiten (**венерические заболевания** winiritschiskije zabaliwanija *Venus-Krankheiten*) wie Tripper (**парижский насморк** parischskij nasmark *Pariser Schnupfen*) zu infizieren. Bei einem allzu wilden Sexleben kann man sich auch leicht Filzläuse oder Sackratten (**мандовошки** mandawoschki *Mösenläuse*) einfangen.

Es gibt auch Leute, die notgeil sind (**сексуально озабоченный** säksual*na azabotschinnyj *sexuell besorgt*) oder gar andere sexuell belästigen (**маньяк** man*jak *Triebtäter/Wahnsinniger*).

Sex für Geld gibt es im Bordell (**бордель** bardjel*), im Freudenhaus (**публичный дом** publitschnyj dom *öffentliches Haus*) oder im Puff (**бардак** bardak). Sexarbeiterinnen heißen **проститутка** (prastitutka *Prostituierte*) oder **путана** (putana von Französisch „putain"), **девушка лёгкого поведения** (djewuschka ljochkawa pawidjenija *leichtes Mädchen*), **уличная фея** (ulitschnaja fjeja *Straßenfee*), **ночная бабочка** (natschnaja babatschka *Nachtfalter*), **шлюха** (schlju~~ch~~a *Herumtreiberin*) oder sehr vulgär **блядь** (bljat' *Nutte*). „Auf den Strich gehen" heißt **ходить на панель** (~~ch~~adit' na panjel' *auf das Paneel gehen*). Der Zuhälter nennt sich auf Russisch **сутенёр** (sutinjor).

Schwanger!

Jetzt ist es passiert: Die Mens (**месячные** mjesitschnyje *die Monatlichen*) bleibt aus, das Kondom hatte vielleicht ein Loch (**презик порвался** prjezik parwalsja *der Präser ist gerissen*) oder die Pille (**противозачаточная таблетка** pratiwazatschatatschnaja tabljetka *Anti-Empfängnis-Tablette*) hat nicht gewirkt. Die Frau ist schwanger (**беременная** birjeminnaja), oder „sie hat sich da was Kleines eingeflogen" (**она залетела** ana zalitjela *sie ist hereingeflogen*).

In ein paar Monaten geht die Frau in den Schwangerschafts- und Babyurlaub (**уйдти в декрет** ujti f dikrjet *in das Dekret gehen*). Bald wird es eine neue Erdenbürgerin oder einen neuen Erdenbürger geben, es sei denn, die Frau macht eine Abtreibung (**аборт** abort), was in Russland immer noch eine häufige „Verhütungsmethode" ist.

Gleichgeschlechtliches

Langsam entsteht auch in Russland in den großen Städten eine Schwulen- und Lesbenszene mit ihren Clubs und Treffpunkten. Sie hat jedoch immer noch mit sehr, sehr tiefsitzenden Vorurteilen und Anfeindungen zu kämpfen. Die geouteten, selbstbewusst auftretenden Schwulen sprechen von sich nach englischem Vorbild als **гей** (giej *„gay"*), die Lesben als **лесбианка** (lizbianka *Lesbe*).

Die alten, volkstümlichen Bezeichnungen sind abwertend: Danach sind Lesben die Rosafarbenen (**розовые** rozawyje) und Schwule die Hellblauen (**голубые** galubyje). Auch folgende Bezeichnungen für Schwule sind beleidigend:

гомосек / гомик	gamasäk / gomik	Homo
педераст / пидор	pidirast / pidar	Päderast

Die liebe Familie

Früher oder später führt die Anbändelei, das Flirten und der Sex auch in Russland dazu, dass eine neue Familie entsteht. Traditionell kündigt sich das dadurch an, dass der **жених** (shänich *Bräutigam*) der **невеста** (niwjesta *Braut*) einen Antrag (**предложение** pridlashänije *Vorschlag*) macht. Die beiden stellen dann beim Standesamt (**ЗАГС** zaks) einen Antrag.

Viele Paare sind in Russland für deutsche Verhältnisse noch blutjung – insbesondere auf dem Lande gilt z. B. eine unverheiratete 25-Jährige schon als alte Jungfer. Andererseits hat Russland hat eine der höchsten Scheidungsquoten der Welt.

Die standesamtliche Trauung wird umgangssprachlich kurz und unromantisch **расписка** (raspiska *Unterschrift, Quittung*) genannt. Seit Ende der 1980er Jahre lassen sich mehr und mehr auch kirchlich trauen (**венчание** wintschanije *Kränzung*).

Das Motto vieler Kinderfeste:

Мама, папа, я – дружная семья!
mama, papa, ja – drushnaja sim*ja
Mama, Papa und ich sind eine Familie, die zusammenhält!

Der Tradition nach gilt der Vater als Familienoberhaupt. Die Realität beschreibt aber folgender ironischer Ausspruch:

Отец глава семьи – а мама шея.
atjets glawa sim*i – a mama schäja
Vater ist der Kopf der Familie,
aber Mama ist der Hals.

Das heißt, die wichtigste Person ist die Mutter (**мать** mat*). Denn wohin sich der Hals dreht, guckt auch der Kopf. Die Mutter trifft die wichtigen Entscheidungen und verwaltet z. B. das Geld. Manchmal hält die Frau den Mann unter dem Pantoffel, oder auf Russisch „unter dem Schuhabsatz" (**под каблуком** pad~kablukom).

Da es viel zu grob ist, für so eine vielbeschäftigte, liebevolle Mutter das Wort **мать** zu benutzen – zumal es eine zweifelhafte Nebenbedeutung gibt (siehe Kapitel „Mutterflüche") –, sprechen nicht nur kleine Kinder von der Mutter als Mama (**мама** mama). Wenn man es etwas zärtlicher haben will, dann gibt es außerdem: **мамка** (mamka), **мамочка** (mamatschka), **маманя** (mamanja) oder **мамуня** (mamunja).

Der Vater (**отец** atjets) ist eine wichtige Autorität; der Bezeichnung **отец** haftet nichts Grobes oder Anrüchiges an. Emotional wärmer ist jedoch die Bezeichnung **папа** (papa *Papa*) bzw. seine Koseformen **папка** (papka) oder **папочка** (papatschka).

Möchte man schalkhaft über seine Mom oder seinen Dad sprechen, gibt es **мамаша** (mamascha), **мамик** (mamik), **маман** (maman) bzw. **папаша** (papascha) oder **папик** (papik).

Jugendliche, die darauf bedacht sind, sich von ihren „Erzeugern" abzugrenzen, verwenden den Ausdruck **предки** (prjedki *Vorfahren*). Auch populär sind die von dem Wort **родители** (raditili *Eltern*) abgeleiteten Bezeichnungen: **родаки** (radaki), seine Koseform **родачки** (radatschki) sowie **родики** (rodiki) oder **родичи** (roditschi) – alle übersetzbar mit „meine Alten" oder „meine alten Herrschaften".

Jetzt zu den lieben Kleinen, erst einmal ist es einfach ein **ребёнок** (ribjonak *Kind*). Aufgepasst: Die Mehrzahlform **ребята** (ribjata) ist sowohl eine Anredeform für Kinder, als auch für Erwachsene, etwa wie das deutsche „Kumpels". Normalerweise sind Kinder in der Mehrzahl **дети** (djeti), was von dem mittlerweile veralteten, aber regional und ironisch noch gebrauchten Wort **дитя** (ditja *Kind*) abstammt. Koseformen für Kinder sind: **детишки** (ditischki), **детки** (djetki) und **деточки** (djetatschki *Kinderchen*). Ebenfalls veraltet, aber noch ironisch (oder poetisch) in Gebrauch ist **чадо** (tschada *Kindlein*).

Bezeichnungen für liebe, kleine Kinder sind: **малютка** (maljutka), **малыш** (malysch) oder **малышка** (malyschka *Kleines*), **карапузик** (karapuzik *Knirps*), **кроха** (kroeha *Krümel*) oder **крошка** (kroschka *Krümelchen*). Ganz zärtlich sind die Anreden: **зайка моя** (zajka maja) bzw. **зайчик мой** (zajtschik moj *mein Häschen*). Interessanterweise gibt es auf Russisch eigentlich kein Wort für „Baby" – außer dem medizinischen Begriff **грудной ребёнок** (grudnoj ribjonak *Säugling*) oder dem sehr poetischen **младенец** (mladjenits *Kleinkindelein*). Neuerdings hört man ab und an **бэби** (bäbi), **бебс** (bjeps) oder die originelle Wortschöpfung **бэбёнок** (bäbjonak). Für unerwartet erschienenen Nachwuchs muss manchmal scherzhaft der Name einer beliebten Schokoladensorte herhalten: **киндер-сюрприз** (kindir-sjurpris *Kinder-Überraschung*).

Wenn die Kleinen mal nicht ganz so lieb sind, sondern allerhand Unfug anstellen (**проказничать** prakaznitschat*) und einfach nervig und böse sind (**вредный** wrjednyj *schädlich*), vielleicht sogar den Eltern auf dem Kopf herumtanzen (**дети сели на шею** djeti sjeli na schäju *die Kinder setzten sich auf den Hals*), dann nennt man sie **шалун** (schalun *Schelm*), **озорник** (azarnik *Frechdachs*) oder **проказник** (prakaznik *Unfugtrei-*

ber). So richtige Rotznasen heißen **сопляк** (sapljak von **сопли** sopli *Nasenschnodder*) oder **сморкач** (smarkatsch von **сморкаться** smarkatsa *sich schnäuzen*).

In Russland leben viele Familien auf engstem Raum, oftmals drei Generationen in einer kleinen Wohnung. Dies hat den Vorteil, dass die **бабушка** (babuschka *Großmutter*) der mit Beruf und Haushalt doppelt belasteten Mutter unter die Arme greifen kann. Kleine Kinder nennen die Oma kurz und liebevoll **баба** (baba). Der Großvater **дедушка** (djeduschka) wird ebenfalls einfach kurz und liebevoll **дед** (djed) genannt. Natürlich gehören u. a. auch noch die Tante (**тётя** tjotja) und der Onkel (**дядя** djadja) zur Sippschaft (**родня** radnja).

Aus dem Mund von einem Erwachsenen klingt **баба** *aber eher grob und entspricht mehr dem deutschen Wort „Weib".*

Unterwegs in Russland

Interessant wird's, wenn es in die Provinz geht: in abgelegene Gebiete, wo keine richtigen Straßen hinführen, es keine Eisenbahnlinien gibt und nur ganz kurze Fluglandebahnen. Dorthin fliegt man mit einem Flugzeug, dass nicht größer und stabiler zu sein scheint als ein Agrarflugzeug, einem **кукурузник** (kukuruznik von **кукуруза** kukuruza *Mais*). Die jenseits der großen Strecken verkehrenden Züge, die Vorortzüge (**пригородные поезда** prigaradnyje pajizda), sind je nach Antriebsart ein **электропоезд** (äliktrapojist *Elektrozug*) oder

дизельный поезд (dizil*nyj pojist *Dieselzug*). In der Umgangssprache wird daraus kurz **электричка** (äliktritschka) oder **дизель** (dizil*).

Hat man kein Geld und fährt schwarz, heißt das **ездить зайцем** (jezdit* zajtsäm *als Hase fahren*). Unter sowjetischen Hippies war die folgende Fortbewegungsmethode beliebt: Man steigt ohne Fahrschein in einen Vorortzug und fährt so lange mit, bis ein Kontrolleur kommt und man an der nächsten Station rausgeschmissen wird. Dann wartet man auf den folgenden Zug und macht das gleiche wieder von vorn ... Auch heute kann man hin und wieder Leute treffen, die so unterwegs sind. Das ganze dauert natürlich ungeheuer lange, und sonderlich bequem ist es auch nicht, daher hat diese Fortbewegungsmethode auch den Namen **ездить на собаках** (jezdit* na sabaka~~ch~~ *auf Hunden fahren*).

Komfortabler ist es, per Autostop zu fahren (**ехать автостопом** jechat* aftastopam bzw. **ехать на попутках** jechat* na paputkach von **по пути** *den gleichen Weg entlang*). Man hebt dazu wie bei einer Abstimmung die flache Hand nach oben, deshalb wird das Trampen auch **голосовать** (galasawat* *abstimmen*) genannt. Übrigens ist es nicht immer kostenlos, oft wird ein Beitrag zum Benzingeld erwartet.

Die Geste für das Anhalten von Taxis oder Sammeltaxis (**ловить такси** lawit* taksi *Taxi fangen*) ist die gleiche. Dabei sollte man der Sicherheit wegen nur in Taxis mit einer Lizenz und nicht bei einem Schwarztaxifahrer (**бомбила** bambila *Bomber*) einsteigen. Sammeltaxis (**маршрутное такси** marschrutnaje taksi *Marschroutentaxi*, kurz **маршрутка** marschrutka), sind oftmals die Rettung vor überfüllten Bussen und zu teuren Taxen. In den Städten fahren Kleinbusse zu moderaten Preisen eine feste Strecke entlang und können dabei an (fast) jeder Stelle angehalten werden.

Der Traum jedes Russen und jeder Russin ist, ein eigenes Auto zu besitzen und damit durch das Land zu kurven (**рулить** rulit* *lenken*). Da Neuwagen teuer sind, ist es seit Jahren ein einträgliches Geschäft, Importwagen (**иномарки** inamarki) aus dem Ausland einzuführen – oder, wie es im Slang heißt, „herzujagen“ (**пригнать** prignat*).

Seit einigen Jahren endet der Traum von der Mobilität in den großen russischen Städten immer öfter im Stau (**пробка** propka *Korken*).

Die „echten“ Taxis erkennt man entweder an der entsprechenden Aufschrift oder an einem Karo-Streifen, dem russischen Taxi-Symbol.

Драндулет *ist wahrscheinlich abgeleitet von dem polnischen Wort* dryndula *– „alter Wagen", der klappert:* dryn, dryn, dryn.

Ganz offiziell heißt der fahrbare Untersatz **автомобиль** (aftamabil* *Automobil*), das umgangssprachliche Wort ist jedoch **машина** (maschyna *Maschine*). Richtiger Slang sind: **тачка** (tatschka), **тачанка** (tatschanka) oder **тачила** (tatschila) für „Karre", **драндулет** (dranduljet *Klapperkiste*), **жестянка** (shästjanka *Blechbüchse*), **мыльница** (myl*nitsa *Seifendose*) oder **пончик** (pontschik *Pfannkuchen*), die man alle mit „Klapperkiste" übersetzen könnte.

Mit „Ziegenbock" (**козёл** kazjol) meint man einerseits einen „heißen Ofen", sprich ein Motorrad, andererseits einen besonders bei der Miliz verbreiteten Geländewagen des Herstellerwerkes **УАЗ** (u-as). Letzterer wird manchmal auch **уазик** (u-azik) genannt. Der Lada, der auf Russisch Shiguli (**жигули** shyguli) heißt, wird zu **жигуль** (shygul*) oder manchmal ganz liebevoll zu **жигулёнок** (shyguljonak *Shiguli-Kindchen*) verkürzt.

Am begehrtesten sind die folgenden Autos: Volkswagen (**фокс/фольксваген** foks/falkswagen), BMW (**бумер** bumir von *„Boom"*, **бэмбер** bämbir, **акула** akula *Hai*, **бомба** bomba *Bombe* oder **БМВ** bä-ämwä) und Mercedes (**мерс** mjers, **мерсик** mjersik, **мерсюк** mirsjuk, **кабан** kaban *Eber* oder eben **Мерседес** mirsädäs). Dabei ist der Mercedes 600 (**шестисотка** schystisotka *Sechshunderter* bzw. **лобастенький** labastin*kij *Stirniger*) am begehrtesten.

Das Wort „Chauffeur" (**шофёр**) wird im Fahrerslang nicht schafjor, sondern ganz lässig schofir ausgesprochen. Er sitzt auch nicht am

Steuer (**за рулём** za ruljom), sondern „hinter dem Gebäckkringel“ (**за баранкой** za barankaj). Für den Dieselkraftstoff (**дизель** dizil*) gibt es auch ein extra Slang-Wort: **солярка** (saljarka *Sonnenkraftstoff*). Das „Einfahrt verboten“-Schild bei Einbahnstraßen heißt **кирпич** (kirpitsch *Ziegelstein*), weil der Querstrich auf dem Schild so aussieht.

Folgende Fahrweise ist zwar riskant, aber trotzdem verbreitet, denn man spart Benzin: bei der Fahrt bergab wird der Motor abgestellt (**ехать на нулёвке** jechat* na nuljofkje *auf der Null fahren*). Im Gegensatz dazu können Raser - (**лихачи** lichatschi) nichts anderes als schnell herumdüsen (**шпарить** schparit* *brühen*).

Eine ruhigere Art, Russland kennen zu lernen, ist auf eine größere Wanderung zu gehen (**в поход** f pachod *auf den Feldzug*). Dabei ziehen die **походники** (pachodniki *Wanderer*) mit Zelt, Schlafsack, Karte, Kompass und Gitarre los und wandern mehrere Tage durch die Wildnis. Es kann ganz schön anstrengend sein, mit dem schweren Gepäck stundenlang durch den Wald zu stapfen (**пилить** pilit* *sägen*). Es gibt ein eigenes Liedgenre, in dem die Romantik dieser Wanderungen besungen wird: **туристические песни** (turistitschiskije pjesni *touristische Lieder*). Noch ein Verkehrsmittel sei hier genannt: das Radel (**велик** wjelik).

Auf welche Weise man auch unterwegs sein mag, eine Reise durch Russland ist immer eine spannende Sache. Also: **Счастливого пути!** (schschasliwawa puti *Gute Reise*)!

Lesetipps

Will man noch tiefer in die russische Umgangssprache eintauchen, sind folgende Bücher und Internetseiten zum Weiterschmökern zu empfehlen:

Glaubt man den Literaturlisten wissenschaftlicher Artikel, gibt es inzwischen einige Russisch-Russische Slangwörterbücher. Das Problem ist, diese in den Buchläden zu finden. Hier sind nur die Wörterbücher genannt, die ich auch tatsächlich ergattern konnte.

- **Russisch-Deutsches Jargon-Wörterbuch, Harry Walter, Valerij Mokienko, Peter Lang, Frankfurt/M. 2001** – *umfangreiches Slangwörterbuch mit vielen Beispielen, allerdings ohne „Mat", nicht billig und vergriffen.*
- **Deutsch-Russisches Wörterbuch der Umgangssprache, W. D. Devkin, Jourist Verlag, Hamburg 1999** – *deutsche umgangssprachliche Wörter werden auf Russisch erklärt, manchmal findet sich in den Erklärungen auch russischer Slang, ohne Betonungsangaben.*
- **Большой словарь молодёжного сленга, С. И. Левикова, Москва, Фаир-Пресс 2003** – *umfangreiches Russisch-Russisches Jugendslangwörterbuch mit vielen Beispielen, ohne „Mat".*
- **Молодёжный сленг, толковый словарь, Т. Г. Никитина, Москва, Астрель, АСТ 2004** – *etwas umfangreicher als das von* **Левикова** *(s. o.), ansonsten ähnlich, viele Beispiele, ohne „Mat".*
- **Русский мат, толковый словарь, Татьяна Васильевна Ахметова, Москва, Колокол-Пресс 1997** – *Russisch-Russisches „Mat"-Wörterbuch, mit vielen Beispielen, auch aus der Literatur, leider ohne Betonungsangaben.*

- **www.priapus.ru/l/foullanguage/v.htm** – *Russisch-Russisches „Mat"-Wörterbuch, ohne Betonungsangaben.*
- **www.russki-mat.net** – *u. a. Slangwörterbücher Russisch-Deutsch, Deutsch-Russisch, umfangreich.*
- **www.paco.net/~odessa-mag/slovar/** – *Russisch-Russisches Wörterbuch des Jugendslangs, ohne Betonungsangaben, mit Beispielen.*
- *Als Fundgrube für Slang empfehle ich die Bücher von* **Irina Dene kina** (**Ирина Денежкина**).
- *Voll mit Slang sind auch die Bücher von* **Viktor Pelevin** (**Виктор Пелевин**). *Viele seiner Texte findet man unter* **http://pelevin.nov.ru.**
- *Der ukrainische Schriftsteller* **Les Podervjanskyj** (**Лесь Подерв'янський**) *schreibt (und liest) in der ukrainisch-russischen Mischsprache Surshyk, gewürzt mit einer kräftigen Prise „Mat". Unter* **www.ultima.te.ua/hamletua** *findet man ein paar Hörproben und Texte.*
- *Das weißrussische Trash-Ulk-Paar* **Sascha und Sirosha** (**Саша и Сирожа**) *bedient sich kräftig in der Schatztruhe der weißrussisch-russischen Mischsprache Trasjanka. Hier die Homepage der beiden:* **www.sa-si.narod.ru.**
- *Jede Menge Verbrecherslang findet sich in den vielen Krimi-Baller-Actionfilmen der letzten Jahre wie z. B.* **Брат, Брат 2, Бумер** *oder* **Бумер 2**.
- *Mein Lieblingsfilm ist und bleibt der bissig-böse Streifen* **Случай з пацаном** *der weißrussischen Satirezeitschrift* **Navinki** (**Навінкі**), *natürlich mit einer gehörigen Portion von russisch-weißrussischem Slang. Siehe auch:* **www.navinki.net.**

In diesem Register sind fast alle russischen Ausdrücke aus diesem Büchlein alphabetisch aufgelistet. Zur schnelleren Suche hier noch einmal das russische Alphabet:

Аа Бб Вв Гг Дд Ее/Ёё Жж Зз Ии Йй Кк Лл Мм Нн Оо Пп Рр Сс Тт Уу Фф Хх Цц Чч Шш Щщ ъ ы ь Ээ Юю Яя

В

Е / Ё

Ж

З

И

К

Л

М

Н

П

Р

С

Т

У

Ш

Щ

Э

Ю

Я

Danksagung

An dieser Stelle möchte ich mich bedanken: bei Tania Novik für die geduldige Beantwortung meiner vielen, vielen Fragen; bei Mischa Demidov und Ralph Knauf für das kritische Lesen des Manuskripts; bei Sergej Novik, Andrei Jorin, Ina Klokova, Dima Klokov und Nina Munteanu dafür, dass sie so manchen Ausdruck für dieses Büchlein beigesteuert haben; bei Astrid Henn, Igor Osipov und Heike Johenning für die Bereitstellung der Fotos; bei meinen Eltern Erika und Ernst Knauf für ihre vielfältige Unterstützung überhaupt.

KulturSchock
RUSSLAND

CityGuide
MOSKAU

Transsib
MT3
447

sound trip®
Neu bei
Reise Know-How
Reise Know-How
Argentina
978-3-8317-5106-8
Finland
978-3-8317-5102-0
Australia
978-3-8317-5101-3
Japan
978-3-8317-5108-2
China
978-3-8317-5109-9
The Balkans
978-3-8317-5103-7
Cuba
978-3-8317-5105-1
Switzerland
978-3-8317-5104-4
Northeast Brazil
978-3-8317-5107-5
NorthernAfrica
978-3-8317-5110-5
Die Compilations der CD-Reihe sound)))trip stellen die typische Musik eines Landes oder einer Region vor.
Die mit zehn Veröffentlichungen startende Reihe ist der Beginn einer einzigartigen Sammlung, einer Weltenzyklopädie aktueller Musik.
Jedes Jahr sollen unter dem Musik-Label sound)))trip mindestens zehn CDs hinzukommen.
Seit März 2008 im Buchhandel erhältlich
Jede Audio-CD
ca. 50–60 Min. Spieldauer
24-seitiges Booklet
Unverbindl. Preisempf.: 15,90 € [D]
In Kooperation mit:
(((piranha)))
Kostenlose Hörprobe im Internet unter:
www.reise-know-how.de

Der Autor

Holger Knauf (geb. 1973) hat noch während seiner Schulzeit in Erfurt das eher dröge DDR-Schulrussisch gelernt. 1995/96 studierte er in Minsk (Weißrussland) Slawistik. Im Minsker Studentenwohnheim lernte er auch seine ersten russischen (und weißrussischen) Slangausdrücke.

Sehr schnell musste er allerdings feststellen, dass es nicht nur cool ist, Slang zu sprechen, sondern dass man damit auch in ziemlich peinliche Situationen geraten kann. Das spornte ihn nur noch mehr an, weiter Slang zu sammeln.

Die Gelegenheit dazu hat er bei vielen Reisen und Arbeitsaufenthalten als Lehrer für Deutsch als Fremdsprache (MA) in Russland, der Ukraine und Weißrussland. Auch seine weißrussische Frau Tania Novik und seine russischsprachigen Freunde in Deutschland haben ihm zu so manchen neuen Einsichten in den Slang verholfen.

Holger Knauf ist ebenfalls Autor des Kauderwelsch-Bandes 145 „Weißrussisch – Wort für Wort“.